はじめての企画・開発メソッド

澤口　学 著
Manabu Sawaguchi

~ 0 Look/1st Look **VE** ~
Value Engineering

同友館

推薦の辞

　日本に VE（バリュー・エンジニアリング）が導入されてから 60 余年が経過しました。その間，多くの先達のご尽力によって，VE は多くの企業・団体で活用され，大きな成果を積み上げてきました。

　電機，機械，自動車等の製造業をはじめ，建設業，サービス業，そして中央官庁や地方自治体等の行政機関でも活用されるに至りました。

　また，技術的にもさまざまな工夫・改善と体系化がなされ，大きく発展してまいりました。その成果は，『VE ハンドブック』（日本 VE 協会）に結実しています。VE に関する入門書，解説書等も多く刊行され，VE の普及・拡大に役立てられてきました。研究，実践に努められた方々，そして普及に努められた方々のご尽力に心から感謝いたします。

　順調に発展を遂げてきた VE ですが，今後さらに普及させていくうえで課題となっておりましたことのひとつに，企画・開発・設計段階の VE があります。協会としましても，未来を先取りする Future Value Design として，活動を展開してまいりました。しかし，企画・開発・設計段階の VE を実践しようとしたときに，わかりやすくまとめられた書籍がありませんでした。

　そこで，日本 VE 協会の研究機関であるバリューデザイン・ラボの所長にご就任いただいている 澤口 学先生にご執筆をお願いしておりましたところ，このたび本書が刊行されることとなりました。

　次世代商品・ビジネスモデルの構築に対して，VE の考え方がいかに有効であるかを，澤口先生独自の研究成果も含めた最新版として，初心者にもわかりやすくご執筆いただきました。

　多くの方々に本書をお読みいただき，それぞれの分野での課題解決にお役立ていただけることを大いに期待しております。

2020 年 8 月
　　　　公益社団法人日本バリュー・エンジニアリング協会
　　　　　　　会長　斎藤　保（株式会社ＩＨＩ　相談役）

1

推薦の辞

VE は，そのコスト低減効果の大きさから「コストダウンの手法」と捉えられる傾向にありました。実際，そうした面で多くの成果を挙げてきたことは否めませんし，VE の大きな強みであることは間違いありません。しかし，それだけでは VE を十分に活かしきったことにはなりません。

VE は，モノやコトを機能に抽象化したうえで，新たな価値を設計していくことに特徴があります。その特徴を活かすためには，製造段階の VE（2nd Look VE）のみならず，開発設計段階の VE（1st Look VE），さらに企画段階の VE（0 Look VE）へと適用範囲を広げていく必要があります。

本書で澤口先生が述べておられるように，今日，VE の主な対象領域は企画・開発設計段階であり，「イノベーション創造型 VE」がこれまで以上に強く求められるようになってきました。

こうした背景のもとに，企画・開発設計段階の VE の進め方についてわかりやすく解説する本書が刊行されることは，大いに意義があり，VE のさらなる普及・発展に貢献されるであろうことを確信しております。

また，2011 年にハーバード大学のマイケル・ポーター教授が「CSV（Creating Shared Value＝共有価値の創造）という概念を発表し，経済的価値を創造しながら社会的価値をも創造することの必要性を説きました。2015 年には，SDGs（Sustainable Development Goals＝持続可能な開発目標）が国連サミットで採択され，世界的な取り組みが始められました。本書では，そうした社会動向にも即してまとめられていますので，山積する社会課題の解決にもぜひ役立てていただきたいと願っております。

公益社団法人日本バリュー・エンジニアリング協会

理事・事務局長　宮本　彰夫

はじめに

　このたび，1996年9月に上梓した『VEによる製品開発活動20のステップ』を24年ぶりに全面的に改訂して，『はじめての企画・開発メソッド〜0 Look/1st Look VE』として，改めて出版する運びとなった。

　この四半世紀の間に世の中も随分と様変わりした。1996年当時，すでにバブル経済は崩壊していたが，未だに長期低迷から脱出できず，"失われた20年"もすでに過ぎ去り，今や"失われた30年"目前である。そのうえ，今年に入り，新型コロナウイルスの感染拡大で，日本経済のみならず世界経済も苦境にさらされている。しかし，このような経済環境下でも，日本企業は，世界市場の中で生き延びていかねばならない。

　"With コロナ"や"After コロナ"の中で，いかにして，日本企業は生き延びていけばいいのだろうか？　今の時代のキーワードは，「デジタル・トランスフォーメーション（DX）」，「医療・健康」，「自宅消費（巣ごもり消費）」だといわれている。これらのキーワードに必須のコア技術は，次世代通信規格（5G/6G）やAIであるとの意見が多い。

　もちろん，これらの先端技術のさらなる発展が欠かせないのは間違いないだろう。しかし，それ以上に重要なことは，これらの先端技術を適切に活用して，価値ある未来産業を創造していくことなのではないだろうか。つまり，未来の使用者（顧客）が望むであろう「潜在的要求機能」を的確に把握して，その実現のために，先端技術を適切に活用する「使用者優先の原則」を貫く姿勢が，企業には求められるのである。

　昨今，AIによる全自動EV（電気自動車）やIoTを意識したさまざまな自動型電化商品がもてはやされているが，あくまでも，対象とする使用者に配慮した人間中心設計の思考を忘れてはならないと思う。この企業の使命を実現する1つの手段として，今回出版に至った『はじめての企画・開発メソッド〜0 Look/1st Look VE』を，読者のみなさんに活用していただければ，望外の喜びである。

本書の構成内容を簡単に紹介することにしよう。

　「第0章　プロローグ」では，日本の，特にモノづくり産業の変遷の視点から，「高度成長期➡安定成長期➡バブル経済期➡バブル崩壊期➡現代以降」ごとに，どのような役割がVEに期待されてきたのかを体系的に示している。そして，時系列に見れば，製造段階のVE（2nd Look VE）から，開発段階のVE（1st Look VE）や企画段階のVE（0 Look VE）への適用が重要視され，製品開発の上流段階のVEが主流になってきたことを紹介している。

　しかし，いずれの段階のVEでも，機能本位思考は不変であり，デザイン思考を実践する有効なツールキットとしての役割も担っていることに言及している。

　「第1章　バリューデザインの実践へ」では，VEで扱う機能を，実用領域の使用機能（ニーズ機能とウォンツ機能）と感性領域の魅力機能（アートデザイン機能とレター機能）に分類し，これらの4タイプの機能を明確に定義している。

　さらに本章では，従来のVEの定義を尊重しつつ，「企画・開発設計VE/VMの定義」を試みているのが大きな特徴になっている。

　「第2章　企画段階のVE/VM（0 Look VE/VM）の実践」では，企画段階のVE（0 Look VE）のJob Planを，「市場（機能）分析（STEP 1〜STEP 8）―開発基本着想の発想（STEP 9）―開発基本着想の評価・決定（STEP10〜STEP11）」の11ステップで構成し，その内容を紹介したものになっている。

　具体的には，各ステップ単位で，目的，方法，手順，留意点に沿って，活動内容を簡潔明瞭にまとめている。ある意味，実践的な活動マニュアルの記述形式といってよいだろう。中身はおおむね1996年版を踏襲しており，基本的には，マーケティングVEの志向が色濃い内容になっている。

　「第3章　開発設計段階のVE/VM（1st Look VE/VM）の実践」は，

第2章に引き続いて，開発設計段階のVE（1st Look VE）のJob Planを，企画要求機能分析（STEP12〜STEP15）—開発設計構想の創造（STEP16〜STEP18）—開発基本構想の評価・決定（STEP19〜STEP20）」の9ステップで構成した内容になっている。もちろん，第2章と同様に，実践的なマニュアル形式で記述しているので，企業の実務家の読者には，ぜひ実践の場での活用を期待したい。

特に，第2章と第3章で示した全20ステップからなるJob Planは，製品開発活動の要であるVEP（VE Process）の流れに沿っていることを，ぜひ実践活動と絡めて，"体得（Learn by doing）"してほしい。

最後にこの本を執筆するにあたり，出版の機会を与えてくれた株式会社同友館の鈴木良二取締役や，日本VE協会の宮本彰夫事務局長や小野玲子さんには，この場をかりて深く感謝するものである。

2020年8月

著者　澤口　学

目　次

第0章

プロローグ

0.1 日本のモノづくり産業の変遷と VE (Value Engineering)

　戦後以降の日本のモノづくり産業[注1] の歴史を少し振り返ってみよう。

　高度成長期（1955〜1973 年）は，IE（Industrial Engineering）や QC（Quality Control）の急速な普及により，量産効果による安価な製品（商品）[注2] が，適切な品質で納期どおりに市場提供が可能になった時代である。この期間を通して，高品質で安価なメード・イン・ジャパンは欧米中心に認知されブランド化した。

　その後の安定成長期（1973〜1991 年）は，製品の高品質を維持しつつ，一層の原価低減が叫ばれた時代である。この背景には，1973 年のオイルショックがある。変動相場制移行に伴い円高ドル安基調になり，輸出系産業（自動車や弱電メーカー等）中心に利益確保に原価低減が必須になったのである。

　この時期，品質維持と原価低減の両立に役立つ管理技術として，VE（Value Engineering）が積極的に導入された。そのため，当初は **2nd Look VE**[注3] による原価低減活動が全社的に推進されたといえる。このような背景から，VE は原価低減に役立つ管理技術というイメージが未だに強い。

　その一方で，1980 年代以降は，製品の差別化を実施しつつ，DTC（Design To Cost）[注4] の推進も進み，**0 Look /1st Look VE**[注5] による多機能化や性能（機能の達成度）向上を目指す付加価値創造型 VE や VM（Value Methodology）が主流になり，現代に至っている。

　ここまで述べてきた日本のモノづくり産業の変遷に基づいて，分岐点（高度成長期➡安定成長期➡バブル経済期➡バブル崩壊期➡現代以降）ごとに，各々の時代で，どのような役割が VE に期待されていたのかを，**図表 0-1** に整理してみた。この図は，1993 年 3 月に発表された（学）産能大学の「VE の活用とその管理について」の調査結果[1]や過去の VE 全国大会で発表された VE 研究論文を参考にして，筆者が独自に作成した[2]ものである。

　VE は元々，製品の機能に着目し，コストを低減する管理技術として VA（Value Analysis）と命名された歴史的背景がある[3]ため，VE の名称が主流となった現在でも，購買段階の VE を VA と呼称するケースも多い（**図表 0-1** 参照）。

　その主な理由は，購買段階では設計変更余地がほとんどなく，購買品の機能を把握して，機能本位により安いモノを購入する分析視点にウエイトがあるからだと思われる。このように長年，原価低減に着目した VE が主流であったが，近年は，日本のモノづくり産業の変遷に適合させる流れの中で，製造段階の VE（2nd Look VE）から，開発段階の VE（1st Look VE）や企画段階の VE（0 Look VE）への適用がますます重要になり，製品開発の上流段階の VE が主流になっている。

　したがって本書では，第 1 章以降は，**企画・開発段階の VE**（これ以降は，企画・開発設計 VE と呼称）に絞って，論じていくことにしたい。

図表 0-1　日本における VE 活動の変遷

高度経済成長期 1960's〜	安定成長期 1973〜	バブル経済期 1980年代後半〜	バブル崩壊期 1990's〜	現代以降 2000's〜
購買段階のVA	購買段階のVA	購買段階のVA	購買段階のVA	購買段階のVA
製造段階のVE (2nd Look VE)	製造段階のVE (2nd Look VE)	製造段階のVE (2nd Look VE)	製造段階のVE (2nd Look VE)	製造段階のVE (2nd Look VE)
開発段階のVE (1st Look VE)	開発段階のVE (1st Look VE)	開発段階のVE (1st Look VE)	開発段階のVE (1st Look VE)	開発段階のVE (1st Look VE)
企画段階のVE (0 Look VE)	企画段階のVE (0 Look VE)	企画段階のVE (0 Look VE)	企画段階のVE (0 Look VE)	企画段階のVE (0 Look VE)

概念先行VE　　実績あるVE　　主流のVE

0.2　機能的アプローチに基づいた VE 思考[4]

　VE は，第 2 次世界大戦後に米国の GE 社（全米最大の電機メーカーで，GE 社の前身会社はエジソンが創業）で開発された管理技術であり，IE や QC と同様に米国が発祥の地である。世界初の管理技術である IE は，今風にいえば経営コンサルタントの F. W. テーラー（Frederick Winslow Taylor：1856-1915）が発表した科学的管理法に端を発している。また QC の場合は，統計学者の W. A. シュハート（Walter Andrew Shewhart：1891-1967）の管理図がきっかけで誕生している。つまり IE と QC は，「企業外の専門家や学者」によって開発された管理技術である。

　それに対して，VE はあくまでも GE 社の一社員であった当時の購買課長 L. D. マイルズ（Lawrence D. Miles：1904-1985）によって，最初から実務上の問題解決手段として開発されており，その後に，実践の積み重ねを先行させながら理論面を整理してきたという経緯をたどっている。

　つまり VE の誕生背景は，本質的に IE や QC とは趣が違うのである。VE 誕生のきっかけになった実例の 1 つに，アスベストの出来事[注6] がある。大半の VEr にとっては既知だろうから本書での詳細な説明は省くが，この出来事からマイルズは「VE の 4 つの基本思考」（**図表 0-2** 参照）を導いている。

　図表 0-2 で示す「1. 目的追求の思考」から明らかなように，VE は機能的アプローチをベースにした「現状否定型手法」であり，IE や QC が，構造（志向）的アプローチによって問題解決を図る「現

図表 0-2　VE の 4 つの基本思考

1.目的追求の思考

→『何のために使っているのか？』（機能本位の思考）

2. 代替案の創造に期待

→目的（機能）は 1 つでも手段（方法）はたくさんある

3. 専門知識の収集と活用

→専門家の提案による改善変更

Lawrence D. Miles (1904-1985)
出所：https://www.valuefoundation.org/

4. 障害の克服

→改善には障害はつきもの⇒その克服には忍耐と説得力
　が必要

状肯定型手法」であるのとは根本的にその思考法が異なる。

　構造的アプローチでは，問題解決を既存製品等の現状構造に
フォーカスして問題を細かく分析し，解決案のヒントをつかみ，そ
のヒントから改善案を検討するという手順を踏む。

　一方，機能的アプローチの場合は，問題解決の対象（製品や作業
など）が本来備えるべき「機能」を明確にして，その機能から解決
案を発想していくというやり方をとる。したがって，VE は設計タ
イプの問題に特に有効な管理技術であるといえる。この 2 つのアプ
ローチの特徴を体系的に整理すると**図表 0-3** のようになる。

　この 2 つのアプローチの違いを，より具体的に理解してもらうた
めに，簡単な事例を用意した。**図表 0-4** は「パソコンの軽量化」と
いう問題に対して，両者のアプローチを比較したものである。

　この事例の場合，開発設計上の問題により近いテーマだと考えら
れるので，機能的アプローチによるほうが，使用者の立場で考えた
ら，より満足度の高い解決案になっているのではないだろうか。

図表 0-3　機能的アプローチと構造的アプローチの特徴比較

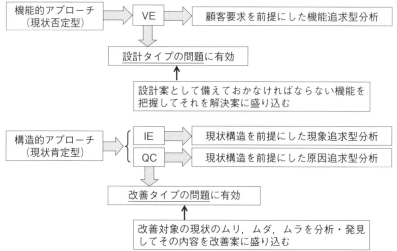

図表 0-4　"パソコンの軽量化"に対する 2 つの問題解決アプローチの結果

解決テーマ：PC（パソコン）の軽量化	
構造的アプローチ（原因追求型分析）	機能的アプローチ
（解決の糸口）原因追求思考（QC） 『パソコンが重い原因は何か？』 原因 1 『充電用バッテリーが重い』 対策案 1 『少しでも軽い充電池の開発』 原因 2 『PC 本体部（ボディ）が重い』 対策案 2 『軽量合金/プラスチック素材の 　　　　採用』 原因 3 『電源コードも重い』 対策案 3 『電源コードの小型化と長時間 　　　　持つ充電池の開発へ』 ↓ （最終結論） 『採用できる対策案から実現して少しずつ軽 量化を図っていく』 PC（パソコン）という形状（デザイン） に本質的な変更はない	（解決の糸口）目的追求思考（VE） 『パソコンを軽量化する目的は何か？』 目的 1 『パソコンの運搬を楽にする』 『パソコン運搬を楽にする目的は何か？』 目的 2 『出張先でのパソコンの使用を促す』 『出張先でパソコン使用を促す目的は何か？』 目的 3 『メールやコンテンツのやり取りを行う』 ↓ （最終結論） 『出張時はスマートフォン持参でビジネスを 行う方式に変更しよう！』 ↓ 仕事の方法を根本的に変更（デザイン）する

なお，取り上げた製品（あるいはサービス）のテーマ自体が同じでも，問題解決アプローチを変えることは可能である。どのようなアプローチが最適かは，企業戦略に応じた問題意識の違いによる（**図表0-5**参照）。

図表0-5　企業で扱う問題（広義）とは

　通常，企業で扱う"問題（広義）"は大きくは2タイプあり，1つは，現状レベルと達成すべきレベルとのギャップ（隔たり）を解消するべき"問題（狭義）"であり，2つ目は，現状レベルを将来のありたい姿に到達できるようにステップアップするべき"課題"である。

　前者の"問題（狭義）"には，一般的には，IEやQCによる構造的アプローチが適しているとされるが，機能的アプローチによるVEも活用され，特に**製造段階のVE**（これ以降は，製品改善VEと呼称）による原価低減が当てはまる。

　一方，後者の"課題"には，**企画・開発設計VE**による付加価値創造型VEが適している。

18

0.3　VEP (Value Engineering Process) とデザイン思考[4]

　製品やサービスの企画・開発活動は，顧客の満足が期待できる商品を企画して，「詳細設計図」をアウトプットするまでの範囲（一度生産された製品の再設計も含む）である。サービス産業の場合のアウトプットは，業務マニュアルなどが対応するだろうし，ソフトウェア産業であれば，プログラミングやアルゴリズムなどが想定される。

　この一連の企画・開発活動を合理的に進めるために，VEP（Value Engineering Process）を繰り返し着実に実施して，設計アウトプットを詳細設計図レベル（最終提案図）まで洗練化するのが，企画・開発設計 VE である。

(1)　企画・開発設計 VE とデザイン・レビュー（DR）

　企画・開発設計 VE では，VEP を繰り返すことによって，設計アウトプットも洗練化されていくわけだが，洗練化の過程でタイミングよくデザイン・レビュー（Design Review：設計審査）を実施しなければ，価値ある製品やサービスの実現は難しい。

　デザイン・レビューとは，「設計アウトプットの洗練化の節々で，企画や開発設計部以外の各部門（生産技術，製造，品質管理，資材，営業など）から設計アウトプットに対する前向きな改善提案（不安箇所に対する対策案など）をしてもらい，価値ある製品の実現に役立てる一連の組織活動の体系」である。したがってデザイン・レビュー活動は，設計技術者と他部門との協調が大前提であり，企

図表 0-6　VEP（Value Engineering Process）の概要

顧客（使用者）／商品企画書の要求事項

機能分析：Functional Analysis
・顧客／製品企画書の要求事項の正確な把握
・要求機能の明確化（必要機能の定義）
・各要求機能相互関係の明確化（要求機能の整理）
・要求機能別目標コストの設定（要求機能の評価）

創造（総合化）：Creativity/Synthesis
・要求機能達成の手段（機能別アイデア）の発想
・機能別アイデアの分類・整理
・各機能別アイデアの組合せパターンの検討
・構想設計案への構成化

評価・決定：Evaluation
・各構想設計案の Feasibility Study（実現性追求）
・各構想設計案の洗練化
・各構想設計案の評価基準（技術性、経済性、納期性）による評価

アウトプット（製品の設計図面など）

画・開発設計 VE を円滑に進めていくうえで必要不可欠な組織的な
設計支援活動といえる。

　デザイン・レビューは一連の VE 活動の中で何回行えばよいのだ
ろうか。回数はプロジェクトの重要性やその規模によって決まるも
のであり，絶対的な必要回数が決まっているわけではない。しかし，
1 プロジェクトを通して行うデザイン・レビューは，少なくとも企
画段階と，ある程度詳細設計が進んでからのものと最低 2 回程度は
行う必要があるだろう。

　しかし通常は，「企画段階のデザイン・レビュー（DR-1）」，「概念設計段階のデザイン・レビュー（DR-2）」，「基本設計段階のデザイン・レビュー（DR-3）」，「詳細設計段階のデザイン・レビュー（DR-4）」の 4 回ほどが考えられる（**図表 0-7** 参照）。

　また製品改善 VE を実施した場合も，再設計活動として，「（一部再設計後の）詳細設計段階のデザイン・レビュー（DR-5）」を実施すべきである。

　このような一連の VE 活動（開発設計活動）と，各デザイン・レビューの位置づけを整理すると，**図表 0-7** に示すようなフロー図になる。

　なお，最低 2 回は必要と言及した DR-1 と DR-4 に関しては，それぞれ「商品企画内容」を決定・承認する段階と，「生産移管」を行う段階に対応しているので，一連の VE 活動の中で要となるデザイン・レビューである。

　特に DR-1 では，企画段階の VE（0 Look VE）のアウトプット情報を扱い，それが開発設計段階の VE（1st Look VE）のインプット情報に変換されるため，その後の VE 活動の成否を左右することになる。ゆえにデザイン・レビューに齟齬があってはならない。

(2)　VEP の背景にあるデザイン思考

　VEP（**図表 0-6** 参照）を着実に繰り返すことで，価値ある設計案が効果的にアウトプットされる。なぜならば VE には，「**デザイン思考**」[注7] を効率的に体現できる「VEP を骨子にした創造的問題解決プロセス」（第 1 章以降で詳細に言及）が備わっているからである。

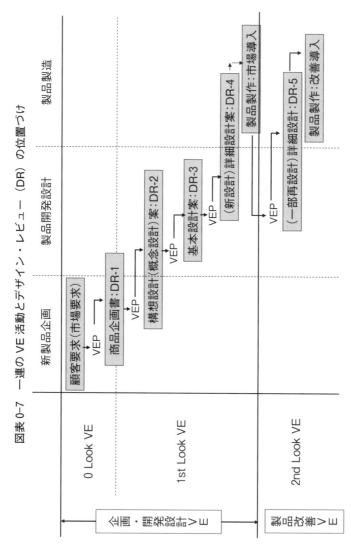

図表 0-7　一連の VE 活動とデザイン・レビュー（DR）の位置づけ

	新製品企画	製品開発設計	製品製造
0 Look VE	顧客要求（市場要求） ↓ VEP 商品企画書：DR-1		
1st Look VE		構想設計（概念設計）案：DR-2 ↓ VEP 基本設計案：DR-3 ↓ VEP （新設計）詳細設計案：DR-4	製品製作：市場導入
2nd Look VE		（一部再設計）詳細設計：DR-5	製品製作：改善導入

企画・開発設計 VE

製品改善 VE

(注) DR：Design Review（設計審査），VEP：Value Engineering Process

22

　この問題解決プロセスは，機能思考に基づき「分析（Analysis），総合（Synthesis），評価（Evaluation）」の 3 段階を確実に繰り返しながら，価値ある設計案へ効率的に導いていく。まさに「デザインプロセス（DP：Design Process）」（図表 0-8 参照）とリンクしているため，「デザイン思考の実践」そのものになる。

図表 0-8　VEP（Value Engineering Process）と DP（Design Process）

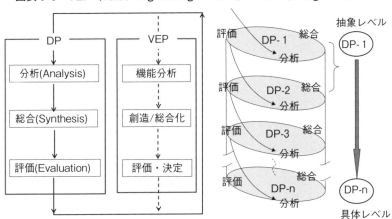

　デザイン思考の実践とは，「収束的思考」，「発散的思考」，「分析」，「総合」という 4 つの心理状態（図表 0-9 参照）間の行き来のことであり，DP にリンクした VEP には，その 4 つの心理状態がすべて備わっているのである。

　DP で「分析」と「総合」を繰り返すということは，デザイン思考の「収束的思考」と「発散的思考」を繰り返すということとほぼ同義である。つまり，「STOP 思考と GO 思考を繰り返す」ことに他ならない。

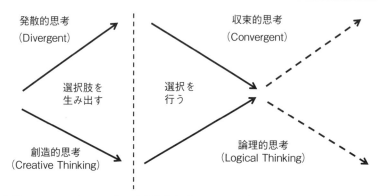

図表 0-9　デザイン思考の 4 つの心理状態[5]

デザイン思考とは，収束的思考と発散的思考と分析と総合の 4 つの
心理状態の中での活動になる

発散的思考
（Divergent）

収束的思考
（Convergent）

選択肢を
生み出す

選択を
行う

創造的思考
（Creative Thinking）

論理的思考
（Logical Thinking）

出所：ティム・ブラウン著，千葉敏生訳『デザイン思考が世界を変える』ハヤカワ新
　　　書（2010）の p.90 を参考に筆者が加筆修正。

　企業で発生する大部分の問題に対して，創造的問題解決プロセス
は有効であり，DP の 3 段階が重要であることは間違いない。した
がって，VE に限らず IE や QC などでも DP がその背景には存在
するはずである。

　しかし IE や QC は，構造的アプローチ（現状肯定型）に基づい
た管理技術（**図表 0-3** 参照）であるため，自ずと「構造的視点に着
目した分析手法」や「定量的な評価手法」が重視されるため，あま
り「総合」段階には重きを置いていない。

　したがって，デザイン思考を意識した管理技術は，機能分析アプ
ローチに基づいた VE 等の管理技術が当てはまる（**図表 0-10** 参照）。
つまり，VE をはじめとした**機能に着目した管理技術**[注8] は，デザ
イン思考の実践に有効な一種のツールキットといえよう。

図表 0-10　VEP とデザイン思考

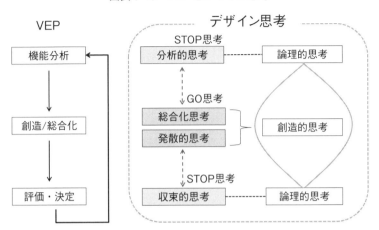

（注）

注 1）モノづくり産業

　主に製造業の生産活動（企画開発含む）を示したものであるが，製造業的な改善力・現場力を取り入れたサービス業も含めた概念とする。いわゆる "広義のモノづくり" である。

注 2）製品（商品）

　製品と商品の呼称については，本書では次のように区別したい。モノづくり産業の立場で論じる場合は，「製品やサービス」という表現を主に用いる。一方で，顧客や販売市場を意識した場面では「商品」と記載する。

注 3）2nd Look VE

　すでに設計されたものの製造段階の VE，あるいは，すでに市場に投入された製品改善の VE に対応した VE 活動を意味する。つまり，製品の再設計に対応した VE 活動である。

注4）DTC（Design To Cost）

米国国防省（DOD）が提唱したコスト管理の概念の1つである。コスト目標を決めて，製品の開発設計段階のすべてを通じてコストが目標内に収まるよう管理していく製品開発管理の考え方である。手法的にはVEが活用されることが多い。

注5）0 Look /1st Look VE

それぞれ，企画段階のVEと開発設計段階のVEに対応したVE活動を意味する。つまり，製品の新設計に対応したVE活動である。

注6）アスベストの出来事

GE社の資材調達上の業務（1947年）のことで，VE誕生のきっかけになった出来事を指す。内容としては，アスベストシートを購入する際に，品不足で入手困難であったが，専門業者の「何のために必要か？」との目的思考の一言がきっかけで，「延焼を防ぐ」という機能に着目し，代替材料に至ったという話である。この材料は，技術上の条件を満たすだけでなく，価格も格段に安かったことから，原価低減も実現し，のちのVE誕生のきっかけになった。

注7）デザイン思考

IDEOのCEOであるTim Brownの言葉を借りれば，デザイン思考とは，人のニーズ，テクノロジーの可能性，およびビジネスの成功のための要件を統合するために，デザイナーのツールキットから得られるイノベーションに対する人間中心のアプローチである。

簡潔にいえば，創造的問題を解決する方法を設計するための有効な考え方であり，プロセスとしては，①共感（Empathize），②定義（Define），③アイデア（Ideate），④プロトタイプ（Prototype），そして⑤テスト（Test）から構成される。

注8）機能に着目した管理技術

VE以外に機能に着目した管理技術としては，「品質機能展開（QFD）」（p.45参照），「ワークデザイン（WD）」，「タグチ・メソッド」，「公理的設計理論」などが知られている。

第 0 章　参考文献

［1］ （学）産能大学経営開発研究本部『VE の活用とその管理について』（学）産能大学，pp.12-15，1993.

［2］ 澤口学，多様なイノベーション活動における VE・管理技術の役割～イノベーションに関するアンケート調査を通して～，『Value Engineering』No.297，pp.35-41，2017.

［3］ 公益社団法人日本経営工学会編『ものづくりに役立つ経営工学の事典』朝倉書店，pp.100-101，2014.

［4］ 澤口学『日本式モノづくり工学入門』同友館，2015.

［5］ Brown T，千葉敏生訳『デザイン思考が世界を変える』ハヤカワ新書，2010.

第1章

バリューデザインの実践へ

1.1 VE/VM が目指す価値向上[1]

プロローグで述べたように，現在の VE の主流は，企画・開発設計 VE であり，未来思考で，近未来の使用者（顧客）の潜在的要求機能の実現を目指す，いわゆるイノベーション創造型 VE でなければならない。なお，現在のイノベーション活動（広義）[注1]は，工学分野に限らずサービス分野も包含され，付加価値の高い商品単体から，革新的なビジネスモデルの企画・開発に及ぶ。したがって，創造的問題解決が必要なあらゆる業界が，守備範囲に入ってくる。

このような背景に鑑みて，これ以降は，**企画・開発設計 VE/VM（Value Methodology）** と呼称することにしたい。

ところで，VE では「使用者優先の原則」が，VE の 5 原則[注2]の 1 つとして広く知られているものの，VE 活動は企業サイドで実施されるため，製品やサービスの価値の把握は，提供者の立場になりがちである。ゆえに，常に使用者（顧客）の立場で考えることが肝要である。なお，価値 V（Value），機能 F（Function），コスト C（Cost）の間には，以下の概念式が当てはまる。

$$価値 V = 機能 F / コスト C$$

この V = F/C を前提とする「価値向上の原則」（VE の 5 原則の 1 つ）は，**図表 1-1** に示す 4 パターンが対応する。

まずは，①機能を維持したままコストを低減する価値向上がある。これは，原価低減が主目的になるため，製品改善 VE が多い。それ以外は，いずれも新機能の加算や既存機能の達成度アップに

図表 1-1　現在の VE の価値向上のパターン

①コスト低減	②機能向上	③機能向上 コスト低減	④機能向上 コストアップ
$\uparrow V = \dfrac{F \rightarrow}{C \downarrow}$	$\uparrow V = \dfrac{F \uparrow}{C \rightarrow}$	$\uparrow V = \dfrac{F \uparrow}{C \downarrow}$	$\uparrow V = \dfrac{F \uparrow\uparrow}{C \uparrow}$

よって使用者の満足度を高め，それによって価値を向上させる。

　すなわち，②コストは維持したまま機能を上げる，③機能向上と同時にコストも低減させる，④コストは増えるがそれ以上に機能を向上させる，の3パターンである。この②〜④に主に当てはまるのが，企画・開発設計 VE/VM である。ここで留意したいのは，「評価の対象となる機能は，使用者が必要とするかどうか」で決まるということである。

　前述の繰り返しになるが，VE 活動を実施する際には，常に対象となる使用者の立場で思考することが求められる。使用者本位で考えれば，機能を下げ，それ以上にコストを下げるという第5のパターンは存在しない。また逆に，常に多機能化することも，必ずしも価値向上にはつながらないのも明らかである。

1.2　企画・開発設計 VE/VM で対象とする機能[1][2][3]

　VE/VM で対象とする機能は，「使用機能（Useful function）」がメインであるが，耐久消費財などは付加価値の向上を目指して，使用者に所有したいと思わせる意匠性や美観に関わる「魅力機能

（Esthetic function）」を扱うケースも多い。特に，企画・開発設計VE/VMの場合は，製品のみならず，サービス領域やビジネスモデルも扱うので，対象領域の多様化が進んでいる。

　そこで筆者は，このような背景に考慮して，使用機能はニーズ機能とウォンツ機能に，そして魅力機能は，アートデザイン機能とレター機能に細分化して，使用者（顧客）にとって必要な機能を詳細に把握することを提案する（図表1-2参照）。

図表1-2　顧客が望む機能タイプ

	顧客が望む機能	事例：スマートフォン
使用機能	〈ニーズ機能〉 直接的な貢献をする実用上の機能の中で特にその製品の根幹に関わる機能	「（移動中）音声による情報伝達を可能にする」 「SNS等による情報伝達を可能にする」 「写真を撮る／写真を送受信する」 など
	〈ウォンツ機能〉 ニーズ機能以外の実用上の機能でより一層，顧客の満足度アップに貢献する機能	「好きなAPPをダウンロードする」 「好きなAPP（ゲーム）を行う」 など
魅力機能	〈アートデザイン機能〉 その製品をより一層所有したいと思わせるデザイン面（色，形，質感など）の魅力機能であり，顧客の視覚にアピールする機能，ロゴなども入る	「薄型でスマートな形状」 「明るくカラフルなケース」など
	〈レター機能〉 その製品を一層欲しいと思わせるネーミングやキャッチフレーズ面での魅力機能であり，主に顧客の語感に訴える機能	iPhone11 Pro GalaxyS10など

　ウォンツ機能は，対象とする使用者（顧客）の満足度を確実に高めて，その後に，すべての使用者層にまで，必要な機能としての認知が高まると，ニーズ機能に移行するケースもあり得る。なお，使用機能は実用領域の機能であり，魅力機能は感性領域の機能といえるので，顕在的要求機能や潜在的要求機能との関わりの程度を，各機能と絡めて整理すると**図表 1-3** のようになる。

図表 1-3　各機能概念の特徴マッピング図

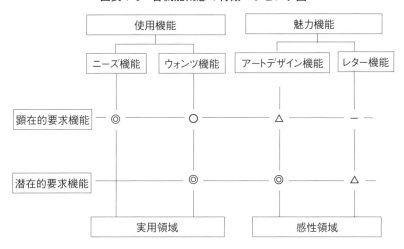

◎：関連性が極めて高い　○：関連性が高い　△：関連性がある

　また，使用機能は，使用者の立場では実用面の設計で「必要か不必要」かで判断される性質のものであり，魅力機能は感性面の設計で「好きか嫌いか」で判断されるものという特徴もある（**図表 1-4** 参照）。

図表1-4　使用者（顧客）が望む使用機能と魅力機能の思考フロー

```
                    ┌──────────────────────┐
                    │   VOC:顧客の声        │
                    │ (Voice Of Customers) │
                    └──────────────────────┘
                               │
                ┌──────────────┴──────────────┐
                ▼                             ▼
         ┌────────────┐              ┌────────────┐
    ┌───→│ 実用面の設計 │          ┌───→│ 感性面の設計 │
    │    └────────────┘          │    └────────────┘
    │          │         No       │          │         No
    │          ▼                  │          ▼
    │    ╱──────────╲             │    ╱──────────╲
    └───╱ VOCに合致？ ╲────        └───╱ VOCに合致？ ╲────
        ╲ （必要か?） ╱                ╲ （好きか?） ╱
         ╲──────────╱                  ╲──────────╱
              │  Yes                        │  Yes
              ▼                             ▼
        ┌──────────┐                  ┌──────────┐
        │  使用機能  │                 │  魅力機能  │
        │(実用的な機能)│               │(感性的な機能)│
        └──────────┘                  └──────────┘
```

1.3　企画・開発設計 VE/VM で目指すバリューデザイン

　価値の概念式 V = F/C からも明らかなように，VE/VM で対象
とする価値は，使用機能に対応した「使用価値」と魅力機能に対応
した「魅力価値」の２タイプが存在する。

　使用機能（ニーズ機能とウォンツ機能）は製品やサービスの実用
領域の機能であり，通常の商品には必ず存在する機能であるが，魅
力機能（アートデザイン機能とレター機能）の場合は，その商品を
一層所有したいと思わせるデザインやネーミングなどの＋αの感性
領域の機能なので，消費財関連の商品に相対的に多く備わった機能
である（図表1-5 参照）。

図表 1-5　商品区分別の価値

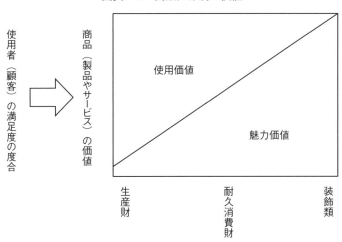

使用者（顧客）の満足度の度合

商品（製品やサービス）の価値

使用価値

魅力価値

生産財　　　耐久消費財　　　装飾類

　また，革新的イノベーションを目指した次世代型商品の場合は，提案初期においてはその新規性が顧客にアピールし，使用者（顧客）の所有願望を高める効果も期待できる。ゆえに，ウォンツ機能は言うに及ばず，アートデザイン機能によって魅力価値を高めることも非常に重要である。

　しかし，その反面，ウォンツ機能は過渡的な機能ともいえ，一時のブームだけで消滅する場合もある。バブル経済期にはそんな商品が多かった印象もあるが，1.2 でも言及したように，ニーズ機能に移行する場合もあり得ることに留意しなければならない。

　また，魅力機能の一部であるレター機能は，狭義的には純粋に商品のネーミングやキャッチフレーズを意味しているが，広義にとらえると，レター機能の中には，使用者（顧客）の所有願望に関わる長年その企業が築き上げてきた「社会的信頼度（いわゆるブランドイメージなど）」も含まれているので，どんなに使用機能オンリー

の商品（主に生産財領域の製品）であったとしても，その商品を提供している企業にブランドイメージが存在する限り（たとえば，TOYOTA や Panasonic など），使用者（顧客）に対して，魅力価値（特にレター機能）も少なからず提供していることになる（図表1-5 参照）。

　つまり，生産財領域の商品を生産・販売している企業も含めて，どんな業種の企業でも，使用者や顧客本位の思考で製品やサービスの開発を試み，企業の社会的信用度（ブランドイメージ）を高めていく活動は，非常に重要な企業の責務だといえる。

　VE/VM では，このような活動を，「デザイン思考で実践していく具体的な手順（VE Job Plan ともいう）＝創造的問題解決プロセス」の中で実践しているので，まさに企画・開発設計 VE/VM は，バリューデザインを実践する強力なツールキットなのである。

1.4　企画・開発設計 VE/VM に適した VE/VM の定義

　VE は，プロローグで述べたように，設計タイプの問題解決に有効な管理技術であるため，その真骨頂を発揮できるのは，特に，モノづくりの上流段階に位置する企画・開発設計段階である。

　そこで，従来の VE の定義[注3] を参考にして，あえて，企画・開発設計 VE/VM に適した定義を，下記のように整理した。本質は従来の VE の定義と変わらないが，定義文の中の 5 つのキーワードは，より広義的な解釈が可能な表現に変更している。

> ### 企画・開発設計 VE/VM とは,
>
> 許容される経営資源[(1)]のもとで,次世代商品・ビジネスモデル[(2)]の要求機能を確実に達成[(3)]するために,システム化されたバリュー・デザイン活動を実践[(4)]する組織横断的な創造活動[(5)]である。

(1)　許容される経営資源〜使用者(顧客)と企業の共生

　従来の VE の定義の「最小の総資源(ライフサイクルコスト)」に対応するキーワードである。元々の意味は,使用者(顧客)の要求機能を,企画・開発設計,調達,製造の各段階を経て具現化して,顧客に販売するまでにかかる「(顧客目線での)取得コスト」と,使用者(顧客)に渡ってからの「使用コスト(使用・保守廃棄に至る段階)」を加算した商品の生涯にわたるコストを最小化しようという意味である。

　「許容される経営資源」も本質的には同じ考え方がベースにあるが,より広義に捉えて,商品やビジネスモデルを企画する段階で,使用者(顧客)の経済的負担を最小化することは当然としても,同時に企業価値の最大化(企業の利益)も考えて,使用者(顧客)と企業側の Win-Win による「経営資源(人,モノ,カネ,情報,時間)の最適化=許容(経営)資源」の中で,VE/VM を展開しようという意味である。つまりは,VE/VM 活動を通した使用者(顧客)と企業の共生である。

　狭義の意味では,**企画段階の VE(0 look VE)**での原価企画[注4]の実践[4]に他ならない。

(2)　次世代商品・ビジネスモデル～新Sカーブの創造

　従来のVEの定義の「製品やサービス」に対応するキーワードである。製品はハードウェア領域であり，サービスはソフトウェア領域に対応する。

　特にソフトウェア領域は，現代では非常に多岐に及んでおり，企業内部の業務から，通常のサービス産業やIT産業等のソリューションビジネスなども含まれる。最近では，ハードウェア領域でも，商品単体の開発・販売だけではなく，その後のメンテナンスまで視野に入れ，サービス領域に進出しているケースも多い。このような背景から，VE/VMの対象は，商品（製品やサービス）単体だけではなく，ビジネスモデルも対象に入ってくる。

　さらに，企画・開発設計VE/VMになると，未来思考が非常に重要になるため，次世代という新しいSカーブの創造が重要なポイントになってくる。

　なお，Sカーブは，「導入期，成長期，成熟期，衰退期」の4ステージがあり，特に技術システム（製品）は，このステージを順次歩んで発展することが多い。そして成長の限界がいずれ訪れるが，新技術の登場で，新たなSカーブが創造されて，次世代の成長曲線を描くという軌跡をたどる。

　本章では，対象を商品やビジネスモデルに広げて広義的に示している（図表1-6参照）。

図表1-6　次世代商品や新規ビジネスモデルと次世代Sカーブ

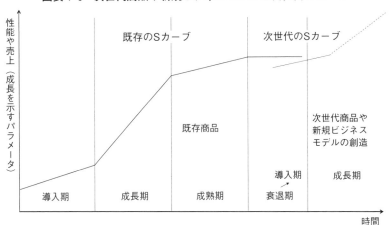

(3)　要求機能を確実に達成[5]〜近未来のVOC（使用者や顧客の声）の把握

　従来のVEの定義の「必要な機能を確実に達成（する）」に対応するキーワードである。最初の部分の「要求機能」であるが，これは「必要な機能」と同義語であり，「使用者（顧客）が望んでいる機能」という意味である。

　なお，必要な機能でも，使用者（顧客）が現時点で明確に欲している機能は，「顕在的要求機能」であり，使用者（顧客）が認識していないけれども，社会環境的に，近未来に要求が高まりそうな機能は，「潜在的要求機能」と呼称される。

　特に潜在的要求機能の把握は，企画・開発設計VE/VMでは，重要度が高く，この機能を確実に把握・具体化できるか否かで，次世代型商品や新規ビジネスモデルの成否が左右される。特に，使用

機能の中の「ウォンツ機能」や「魅力機能」の中の「アートデザイン機能」などが，潜在的要求機能に対応するケースが多い（**図表1-3** 参照）。

　次に，「（要求機能を）**確実に達成**（する）」というところだが，これは使用者が望んでいる機能（主に使用機能）に対応する技術的仕様（品質特性値）を，適確に設定して，その仕様を確実に満足しようという意味である。この場合の技術的仕様とは，主に「性能（機能の達成程度）」が対応する。

　さらに，これを具体的に展開すると，「信頼性（機能達成の持続性），保守性（機能達成に向けた修復のしやすさ），安全性（機能達成に向けたネガティブ要因の低減），操作性（機能達成に至るプロセスの扱いやすさ）など」も考慮しなければならない。

　なお，使用者（顧客）は，一部の個別受注製品を除いては，技術的な仕様にまで細かな要求をすることはないし，能力的にも無理である。ゆえに企業は，定性的なイメージレベルにとどまる要求機能を，技術的な仕様に置き換えて，その技術基準を確実にクリアしていくことが最大の使命になる。これが，ビジネスモデルレベルになっても本質は同じであるが，技術的仕様以外に，現代社会で留意しなければならない「CSR（企業の社会的責任）[注5]」や「SDGs エス・ディー・ジーズ（持続可能な開発目標）[注6]」に関連する制約条件（法令なども含む）も明確に設定する必要がある。

　このように，企画・開発設計 VE/VM では，近未来の使用者（顧客）の声（VOC：Voice Of Customer）を把握し，技術やビジネス領域の仕様に変換する能力が求められる。このような思考で，VOC を体系的に把握する管理技術としては，VE のほかには，

QFD（Quality Function Deployment）[注7] などが知られている。

(4)　システム化されたバリューデザイン活動を実践〜企画・開発設計 VE/VM の Job Plan

　従来の VE の定義の「機能的研究」に対応するキーワードである。つまり「VEP（前章の**図表 0-6** 参照）を骨子にした創造的問題解決プロセス」が，機能的研究という意味になる。

　しかし，従来の VE の定義の中では，「機能的研究＝製品改善 VE の Job Plan（VE の具体的な実施手順)」が大前提になっているため，VEP は一度だけ実施する手順になっている。

　一方で，企画・開発設計 VE/VM の場合は，この VEP を複数回繰り返すことによって，設計案を適切に洗練化していくプロセスになっていると同時に，デザイン思考の「収束的思考」と「発散的思考」を繰り返すプロセスでもあるため，企画・開発設計 VE/VM では，「システム化されたバリューデザイン活動を実践」というキーワードに変更している。これは，前章の**図表 0-10** ですでに触れているが，改めて体系的に示すと**図表 1-7** のようになる。

　この図では，デザイン思考を意識しつつ，VEP を複数回繰り返し，企画・開発設計 VE/VM を効果的に実施できる VE Job Plan を 2 段階で示している。内訳は，「VE Job Plan 1（企画段階の VE)」と「VE Job Plan 2（開発段階の VE)」である。

　この段階は，商品開発活動におけるファジー・フロント・エンド[注8] にあたるため，システム化された VE Job Plan は実務上非常に重要な役割を担う。この場合のシステム化とは，誰が活用しても，一定のルールの下で，思考の繰り返し性があり，手順が効率化され

図表 1-7　デザイン思考型の VE Job Plan の基本ステップ

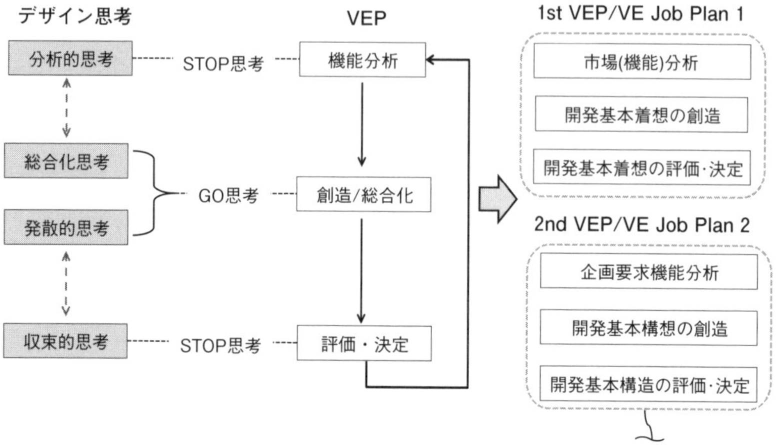

ていて，アウトプットの成果が期待できることを意味している。

　第 2 章からは，各段階の VE Job Plan の詳細ステップを，活用マニュアル風に紹介していくことにする。

　なお，**図表 1-7** の中にはないが，企画・開発設計 VE では，VE Job Plan 3（設計段階の VE）もあり，基本的には VEP を 3 回繰り返すのが通常である。しかし，VE/VM テーマの規模や範囲によっては，3 回以下あるいは 3 回以上になる場合もあり得る。

(5)　組織横断的な創造活動～高度情報化社会を前提にした組織的努力

　従来の VE の定義の「組織的努力」に対応するキーワードである。つまり，VE 活動は個人レベルで実施するのではなく，各分野の専門家（企画，開発設計，生産技術，製造，購買，原価管理，品質管理など）が組織横断的にプロジェクトチームをつくって，創造的な

活動を推進しようという意味である。

　とりわけ企画・開発設計 VE/VM は，ファジー・フロント・エンドを扱うケースが多いので，組織横断的に創造活動を遂行するのは必須と考える。

　しかしながら，従来の VE 活動（主に製品改善 VE）で多く見られるリアルなチーム単位で活動する小集団（6〜8 名）型 VE を必ずしも意図しているわけではない。企画・開発段階の VE/VM になると，企画部門や開発設計部門を巻き込んで，通常の組織とは違った，大規模レベルでの組織横断的な自由環境が重要になる。そうなると，小集団的な単独グループ活動だけでなく，活動の段階に応じて，（小テーマ別の）複数チームが発生し，それらのチームが相互交流する可能性も想定される。

　その一方で，企画段階では，VE/VM テーマの目標設定（たとえば，次世代型ビジネスモデルの理想的な目標デザイン作業など）では，最初は，特定の数名だけで検討を行い，その後に，ネット環境を利用し，VE/VM の創造活動参画者と内容を共有化していくほうが効率的とも考えられる。このような活動体系になってくると，リアルなグループ活動だけでは限界が訪れる。

　そこで，5G や 6G 環境を想定した高度情報化社会型の創造活動の必然性が高まってくる。つまり，ネット空間で各チームメンバーとつながりながら，バーチャル的に組織横断型のプロジェクトを推進していく VE/VM 活動が今後主流になることが，十分に予想されるのである。

　言葉を変えていえば，1 人の創造活動（1 人単位の発散と収束）と少人数の創造活動（少数単位の発散と収束）と組織横断的な創造

活動（大人数の発散と収束）を矛盾なく両立させる手段は，高度情報化社会と積極的に向き合うことかもしれないということである（図表 1-8 参照）。

図表 1-8　高度情報化社会の VE/VM の組織横断的組織活動（イメージ図）

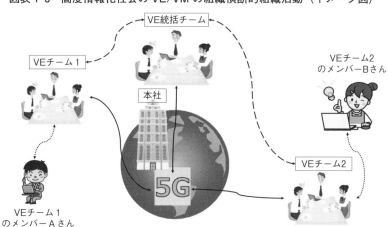

（注）

注1）イノベーション活動（広義）

　付加価値の高い商品（製品・サービス）やビジネスモデルを創造し，顧客（使用者）・市場・社会に対するインパクト（貢献度）と企業の成果（利益）を最大化させる活動である。

注2）VE の5原則

　「使用者優先の原則（第1原則）」，「機能本位の原則（第2原則）」，「創造による変更の原則（第3原則）」，「チーム・デザインの法則（第4原則）」，「価値

向上の原則（第 5 原則）」のことである。

注 3）従来の VE の定義

VE とは，最小の総資源（ライフサイクルコスト）で，必要な機能を確実に達成するために，製品やサービスの機能的研究に注ぐ，組織的努力である。

注 4）原価企画

新商品（製品やサービス）企画の際に，商品の目標利益から逆算して原価目標を設定し，その目標の範囲内で，開発設計，製造，販売，使用・廃棄が実行できるように，取引企業も含めた全社的活動によって，原価目標を達成させる一連のマネジメントである。

注 5）CSR（企業の社会的責任）

Corporate Social Responsibility の略語であり，日本語では，企業の社会的責任になる。企業（組織）活動が社会へ与える影響に責任をもち，あらゆるステークホルダー（利害関係者：消費者，投資家，および社会全体）からの要求に対して，適切な意思決定をする責任を指すことが多い。

注 6）SDGs エス・ディー・ジーズ（持続可能な開発目標）

Sustainable Development Goals の略語である。17 個の目標をセットにして，世界共通の成長戦略を意図した内容になっている。

注 7）QFD（Quality Function Deployment）

日本語では，品質機能展開（p.26 参照）と呼ばれている。VOC（顧客の声）等で獲得した使用者（顧客）からのインプット情報を優先づけして，それを製品やサービスやプロセス設計の仕様につなげるための管理技術である。

注 8）ファジー・フロント・エンド（The fuzzy front end）

商品開発活動（広義）における創造的マネジメント領域で，主にアイデア創出からコンセプト開発までの発見段階を示すことが多い。

第 1 章　参考文献

［1］　土屋裕監修，産能大学 VE 研究グループ著『新・VE の基本』産業能率大学出版部，1998.

［2］　澤口学『日本式モノづくり工学入門』同友館，2015.

［3］　澤口学・川上浩司他「不便益の実装〜バリュー・エンジニアリングにおける新しい価値」近代科学社 Degital，2020.

［4］　田中雅康『原価企画の理論と実践』中央経済社，1995.

［5］　村上芽・渡辺珠子『SDGs 入門』日経文庫，2019.

企画段階の VE/VM
（0 Look VE/VM）の実践

2.1 商品開発に有効な "思考のツールキット" としての VE Job Plan

　企業の業種や開発方針・体制の違いによって，商品開発の進め方は多様に存在するため，商品開発活動の中に VEP を融合化させて，具体的な Job Plan を，1 つに限定して紹介することは困難である。新 S カーブの創造（**図表 1-6 参照**）を目指す次世代型商品開発になると，なおさら Job Plan を 1 つに集約するのは，至難のわざに思える。しかし，基本系の VE Job Plan を示すことは可能と考えている。

　なお，基本系の意味としては，通常のモノづくり産業（特に組立型製造業）の商品開発活動を想定している。この VE Job Plan は，商品の開発活動を効率的に進めるために，VEP をベースに詳細ステップ化した，一種の "思考のツールキット（Toolkit）[注1]" とみなすことが可能である。

　したがって，この思考のツールキットである VE Job plan を，体得（Learn by doing）できれば，工夫次第で，独自の商品領域に適した，派生型の思考のツールキットとしての VE Job Plan に展開することもできると考えている。

　通常のモノづくり産業で，商品開発をスムーズに実施していくためのキーポイントがいくつかあるので，これを，**図表 2-1** に整理する。

　この内容も広義に解釈すれば，サービス産業をはじめ多様な分野の商品開発にも有効で役立つと考えている。これらの点に留意しながら，後述する VE Job Plan に従って，商品開発活動を効率的に

図表 2-1　製品開発を円滑に進めるためのポイント

① 製品設計の洗練化（主に基本設計レベル）にともない，設計の3系統（メカ，エレキ，ソフト）の役割や境界分担を明確にする。

② 耐久消費財系を中心に，設計技術者と工業デザイナー（意匠面の検討）とのコミュニケーションを円滑に行い，製品設計と製品デザイン上の不具合などは早期（主に機能設計レベル）に解決する。

③ 詳細設計図の提案で生産移管を円滑に成功させるために，デザイン思考を尊重し，基本設計段階でも，可能な限り，ラフなプロトタイプ（安い材料で行う手作り試作など）を積極的に実践して，深刻な設計不具合の早期発見や防止に努める。

④ 生産移管を行う段階までに，コンカレント・エンジニアリングの実践で，複数の工程を同時並行で進めることで，製造ラインでの治工具の検討なども含めて，開発期間の短縮を目指す。今後は，5G や 6G の到来で，IoT 等を絡めた劇的な開発工数の削減やコストの低減などが期待される。

⑤ 設計技術部門と他の部門（生産技術，資材，品質管理，製造，営業，保守など）とのコミュニケーションを，製品開発の初期段階から緊密に行うために，ネット環境も有効利用し，全体的な製品開発の効率化を図る。

行い，使用者（顧客）にとって価値の高い商品の実現を目指してほしい。

　なおこの先は，モノづくり産業の内部活動を中心に扱うことになるので，**製品開発活動**と呼称することにする。

2.2 企画段階の VE（0 Look VE）の Job Plan

　通常のモノづくり産業を想定した，企画段階の VE（0 Look VE）の Job Plan を，詳細 STEP（**図表 1-7 参照**）中心に紹介する。この段階は，最初の VEP に位置づけられるので，まさにファジー・フロント・エンドに対応する VEP である。しかし，本書では，製品開発とはいうものの，現存する耐久消費財の**改善型製品**を前提とした詳細 STEP を提案しているので，マーケティング VE の志向が強い内容になっている。

図表 2-2　企画段階の VE（0 Look VE）の Job Plan

【基本 STEP】	【詳細 STEP】
市場（機能）分析	STEP 1　開発方針の確認 STEP 2　開発製品の位置づけ STEP 3　市場規模の把握 STEP 4　顧客像（使用者）の明確化 STEP 5　顧客満足要素の設定と影響度分析 STEP 6　設計品質（製品の基本仕様）の設定 STEP 7　目標売価と許容原価の決定 STEP 8　製品の基本機能の定義
開発基本着想の創造	（STEP 9　新製品の基本着想の発想）
開発基本着想の評価・決定	（STEP10　新製品の基本着想の評価） STEP11　製品企画書の立案

（注）（　）表示の STEP 9, 10 は，改善型新製品タイプの場合は，省略も可能である。

2.3 市場（機能）分析の実施

　本節から，**図表 2-2** で提示した詳細ステップに基づいて，製品企画書を立案したケースについて，耐久消費財系の事例（電気シェーバー）を用いながら，STEP ごとに，可能な限り具体的かつ簡潔に説明していく。まず本節では，市場（機能）分析を実施して，主に企画製品に求められる基本機能や基本仕様，目標売価などを設定する。

STEP 1：開発方針の確認

［目的］

　新製品開発プロジェクトの開始にあたり，開発方針について，開発指示者（チーフエンジニア等）の意図を確認し，製品開発の推進上の条件と製品自体の制約条件を明確にする。

［方法］

　プロジェクトメンバーと開発指示者とのヒアリングを行い，開発方針を確認・把握する。

［手順］

1．開発方針指示者を確認する

2．方針内容を確認する

3．開発方針を整理する

1．開発方針指示者を確認する。
　・社長方針・事業部長方針・技術部長方針
　・その他の部門長の方針・開発リーダーの方針 etc.
2．方針内容を確認する。
　・方針に示された要求事項は，「必要不可欠条件（制約条件になる）」なのか「希望条件」なのかを明らかにする。
3．開発方針を整理する。

[整理すべき項目]
①　プロジェクトの概要（テーマのねらい）
②　製品構想（製品用途，市場に対する製品のターゲットポイント，製品特性など）
③　販売計画（需要予測調査にもとづく見込み販売数量）

図表 2-3　販売計画表の例

	2020 年	2021 年	2022 年
販売台数	25,000 台	30,000 台	30,000 台
シェア	20%	25%	25%
小売価格（実勢価格）	￥25,000	￥22,000	￥20,000

④　近未来（今後 3〜5 年間程度）の市場動向
⑤　販売促進の方法（販売チャネルなど）

⑥　本プロジェクトに関わる自社（関連会社含む）の固有技術（テクノロジー）の強みと弱みの把握（**図表 2-4** 参照）

⑦　経営資源に関する活動計画

・プロジェクトメンバーの専門スキルの把握（**図表 2-5** 参照）

・開発投資計画（試作・実験・金型などにかける予算など）の立案

⑧　利益計画の立案

・中期（3~5 年間）の売上高，製造原価，利益（主に経常利益）の見込みを設定する。

⑨　法規制の確認

・他社の特許，実用新案の確認

・国内外の工業規格の確認（JIS, ISO9000, ISO1400, IATF16949など）

図表 2-4　新製品開発能力分析表の例

主な固有技術＼職務	デザイン	設計			生産技術	資材	品質管理	製造	保守	協力工場
		メカ	ハード	ソフト						
ひげ剃り機能設計		◎	○	○						
ひげ剃り制御設計			○	○						
ひげ処理機能設計		◎	○	○						
防水機能設計		○								
精密部品加工技術								△		○
剃り刃製作技術								◎		
本体デザイン能力	○				○					
品質検査技術							△			
………										

（左端列：シェーバー製作能力）

◎非常に強い　○強い　△弱い

53

図表 2-5　プロジェクトメンバーの技能在庫表（Skills Inventory）の例

	研究開発	設計			生産技術	資材		製造	品質管理	営業	保守
		メカ	ハード	ソフト		購買	外注				
Aさん	5	6									
Bさん			7	4							
Cさん	10				15						
Dさん						5	5		6		
累積年数	20	10	7	4	20	5	5	15	12	10	6

⑩　開発の大日程計画

［留意事項］

1．「新製品開発能力分析表」（**図表 2-4 参照**）を作成して，プロジェクト活動の円滑化を図る。

・プロジェクト活動の中で，自社の強みを最大限に活かし，逆に弱い点は客観的事実として受け止めながらも，早急に弱みを補完するサプライヤー企業を見つけて，アライアンス関係を構築することが重要である。

2．「プロジェクトメンバーの技能在庫表（Skills Inventory）」（**図表 2-5 参照**）からメンバー間の技能バランスを確認する。

・この表の内容から，プロジェクトメンバーの専門家としてのスキルバランスを把握し，プロジェクト活動をスムーズに行う。

STEP 2：開発製品の位置づけ

［目的］

　新製品の性格を明確にすることによって，新製品イメージをプロジェクトメンバー間で共有化する。

［方法］

　開発方針の内容にもとづいて，新製品としての位置づけを明確にする。

［手順］

1．新製品をタイプ別に分類する

2．開発方針に適合した新製品タイプを確認する

1．新製品をタイプ別に分類する。
　・新製品のタイプを，その特性別に分けると，おおむね**図表 2-6**のように体系化できる。
2．開発方針に適合した新製品タイプを確認する。
　・STEP 1 を通して開発方針が整理されたので，その整理内容をよく理解したうえで，今回の新製品開発プロジェクトは，どんなタイプの新製品かを，プロジェクトメンバー間で明確にして，共有化する。

図表2-6　新製品タイプ別体系図

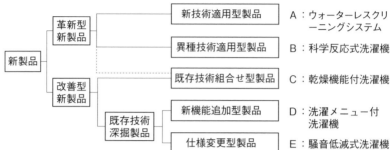

（例）洗濯機のケース

A：ウォーターレスクリーニングシステム

B：科学反応式洗濯機

C：乾燥機能付洗濯機

D：洗濯メニュー付洗濯機

E：騒音低減式洗濯機

（注）Ｃは，革新型新製品に含めることもある。

［留意事項］

1．新製品はおおむね5タイプに整理できる。

・新製品はおおむね5タイプに整理でき，どんな新製品もいずれ
かのタイプで対応させることができる。ただし，改善型新製品
は1つのタイプに限定できず，複数タイプ（Ｃ～Ｅタイプの
組み合わせ）にわたるケースもあり得る。

2．市場に多いのは改善型新製品だが，革新型新製品の社会的イン
パクトは大きい。つまり，革新的なイノベーションになる可能性
が高い。

・市場に出回る新製品の多くは，改善型新製品（Ｃ～Ｅタイプ）
で，革新型新製品（Ａ～Ｂタイプ）は相対的に少ない。しかし，
革新型新製品は各企業の日頃の技術研究力に負う部分も大きい
ため，先行投資が相当かかる。しかしその反面，一度市場に登
場すると，従来の新製品（改善型新製品）を一蹴してしまう威
力も備えている。

図表 2-7　新製品の各タイプの特徴

各タイプ	特徴
A：新技術適用型製品	純粋に新技術を適用した発明タイプの新製品
B：異種技術適用型製品	異業種で活用された技術を適用した発明タイプの新製品
C：既存技術組合せ型製品	他の製品領域の既存技術を組み合わせた複合タイプの新製品
D：新機能追加型製品	対象製品領域における既存技術の範ちゅうで新機能を追加した改善タイプの新製品
E：仕様変更型製品	対象製品領域における既存技術の範ちゅうで機能の達成程度をアップさせた改善タイプの新製品

STEP 3：市場規模の把握

［目的］

　開発方針の内容から想定可能な市場を浮き彫りにして，その市場の規模や成長性を予測する。

［方法］

　「開発方針の内容」や「営業等のマーケティング情報」を参考にして，ターゲットとするべき市場規模を明確にする。

［手順］

1．市場をタイプ別に分類する

2．開発方針の内容に適合した市場タイプを確認する

1．市場をタイプ別に分類する。

・市場タイプを，マーケティング的観点から分けると，図表2-8
に示すように体系化できる。

2．開発方針の内容に適合した市場タイプを確認する。

・ここまでのステップで明確になった「開発方針の内容」や「新

図表2-8　市場のタイプ別体系図

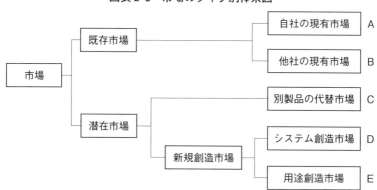

図表2-9　市場の各タイプの特徴

各タイプ	性格
A：自社の現有市場	対象製品の自社の現状シェアに対応した市場
B：他社の現有市場	対象製品の他社分の現状シェアに対応した市場
C：別製品の代替市場	対象製品が某製品の代替製品になることで，某製品のシェアが新たに加わる分に対応した市場
D：システム創造市場	対象製品を某システムの一部として使用することが可能になることによって，新規シェアが創造される分に対応した市場
E：用途創造市場	対象製品の既存用途とは違った使用用途を提案することによって，新規シェアが創造される分に対応した市場

製品の位置づけ」にマーケティング情報なども考慮したうえで，新製品プロジェクトがねらう市場はどのタイプかを明確にする。

[留意事項]

1．多様な市場も，5タイプに整理可能である。
  ・市場は，おおむね5タイプに整理できるが，複数タイプの市場が組み合わさっているほど，その市場の規模も大きくなり，成長性が望める。
2．成長性が望めるのは潜在市場である。
  ・潜在市場は成長性が望める市場であるが，特に新規市場の創造が期待できる新製品（特に革新型新製品）ほど有力株で，市場へのインパクトも大きい。

STEP 4：顧客像（使用者）の明確化

[目的]

　この段階で，明確になった新製品コンセプト（開発方針の内容，新製品の位置づけ，市場規模など）を参考にして，最適な顧客像（使用者）を設定する。

[方法]

　「開発方針の内容」，「新製品の位置づけ（新製品のタイプ）」，「新製品の市場規模（市場のタイプ）」などの情報をもとにして，新製品に最も適した顧客像（使用者）を，5W1H の観点から，可能な限り具体的に設定する。

[手順]

┌───┐
│ 1．顧客像の設定要因を確認する   │
└───┘

┌───┐
│ 2．シナリオライティングによる顧客像を設定する   │
└───┘

1．顧客像の設定要因を確認する。

・デモグラフィック（人口学的）な観点とサイコグラフィック（心理学的）な観点から，顧客像の設定に参考になりそうな要因を確認し，対象顧客の性格や特性を明確にする（**図表 2-10** 参照）。

図表 2-10　顧客像の設定要因の一例

＊デモグラフィック要因	
性別	男女
年齢別	20 歳未満，20 代，30 代，40 代，50 代，60 歳以上
職業別	一般事務職，技術者，教員，主婦，学生，専門職，自由業，退職者，その他
家族人数別	1 人，2 人，3〜4 人，5 人以上
所得別	600 万未満，600〜800 万未満，800〜1,000 万未満，1,000〜1,500 万未満，1,500 万以上
学歴別	高卒，専門学校卒，短大卒，大卒，大学院卒，その他
家族構成別	独身，独身親同居，既婚子供無，既婚子供有，既婚親同居子供無，既婚親同居子供有
＊サイコグラフィック要因	
行動姿勢面	独断実行型，意見調整行動型，熟慮慎重型，前例重視型，その他
ライフスタイル面	流行追求型，伝統尊重型，仕事優先型，趣味中心型，その他
＊その他の要因	
地域別(1)	北海道，東北，北陸，関東甲信越，東海，関西，中国，四国，九州
地域別(2)	日本海側，太平洋側，内陸部
都市規模別	政令指定都市，30 万未満都市，20 万未満都市，10 万未満都市，5 万未満都市，3 万未満都市

2．シナリオライティングによる顧客像を設定する。

・本製品（開発予定の新製品）は，どのような人が（Who），いつ（When），どこで（Where），なんのために（Why），なにを（What），どのようにして（How to），使用するのかという観点から，できる限り平易な文章で新製品の使用シーンを具体的に記述する（図表 2-11 参照）。

図表 2-11　電気シェーバーのシナリオライティング例

> 　本製品は，成人男性が自分の伸びたヒゲを自動的に剃るために使用するものです。どんな場所でも使用することが可能で，お風呂の中でも使用できるように防水設計になっています。したがって石鹸ぞりもできます。さらに不精な人にも使いやすさをアピールするために，ヒゲくずの処理も簡単で，本体の水洗いもできます。また，本製品は剃り刃を工夫（2 枚刃機構）しており，剃りにくかった寝たヒゲや，くせヒゲも確実にカットすることができるし，替え刃も用意しているので，剃り味が落ちてきたら，ワンタッチで刃の取換えもできます。
>
> 　さらに，顔の 3 次曲面にヘッド部分を密着させることで，アゴの下やほおのマイルドな深剃りが可能になります。もちろんアゴのラインや鼻の下の剃り残しも心配いりません。使用時の振動も少ないので快適に使用できます。安全面への配慮としては，万が一過電流がかかっても火災の心配はありません。この製品はコンパクトで操作もしやすく，収納するケースも付いていて，簡単に収納できるので出張の多いビジネスマンには最適です。
>
> 　なお，従来機種ではあまり提供できていなかった剃ったヒゲもれ防止機能や脱臭機能も追加し，快適な使い心地にも配慮しています。本シェーバーは，若くて（20 代後半～40 代前半）アクティブかつ清潔でおしゃれにも関心の高いビジネスマンをターゲットにしているので，デザイン的にも配慮されています。

1．マーケティング的視点から，顧客像を把握する。

・耐久消費財を中心に，現在では，サイコグラフィック要因（図表 2-10 参照）も，顧客像の設定要因として必須になってきているので，マーケティング的視点から「対象顧客のライフスタイル分析」などを行い，より的確に顧客像を把握する試みは重要である。

2．シナリオライティングによる顧客イメージの共有化を図る。

・顧客像のイメージが，プロジェクトメンバー間でより的確に共有化できるように，顧客（使用者）が製品を使用するシーンを，5W1H の観点から可能な限り平易な表現で「シナリオ」（図表 2-11 参照）として記述する。

STEP 5：顧客満足要素の設定と影響度分析

［目的］

　開発予定の新製品に対して，顧客が満足感を示す根拠になるだろう顧客満足要素（ファクター）を抽出し，さらに顧客の目線で想定した，それぞれの満足要素の影響の程度も明確にする。

［方法］

　作成したシナリオや営業部門で実施する顧客向けアンケート（主に営業所単位で実施）の結果と，プロジェクトメンバー間の意見などを参考にして，顧客満足要素を浮き彫りにする。

　さらに，顧客要求や不満点の頻度（意見数）を反映させて，顧客

に対してより影響度の大きい顧客満足要素を明らかにする。

[手順]

1. 顧客情報による顧客要求事項を整理する

2. 顧客要求事項に対応した顧客満足要素を設定する

3. 顧客満足要素の影響度マトリックス表を作成する

4. 各顧客満足要素の影響度を決定する

1. 顧客情報による顧客要求事項を整理する。
   ・「顧客向けアンケート結果」や「プロジェクトメンバー自身の意見」などを顧客の1次情報データとみなして，1次情報データ同士で内容が同じとみなせるものは1つに集約させながら，すべての1次情報データを最終的に顧客要求事項として整理する。
2. 顧客要求事項に対応した顧客満足要素を設定する。
   ・顧客要求事項はかなりの数にのぼることが予想されるものの，その内容はすべて独立というわけではなく，多くの顧客要求事項は観点が類似したもの同士で整理することが可能である。そこで，親和図法的にすべての顧客要求事項を観点の類似したいくつかのグループに分けて，各グループ別に最適なタイトルを命名して，それを「顧客満足要素」とすればよい。しかし，顧客満足要素は製品によって大きく異なるような性質のもので

はないので，製品の種類に関わりなく前もって普遍的な顧客満足要素を設定しても構わない。今回の企画段階の VE（0 Look VE）活動やマーケティング活動で，よく活用されている顧客満足要素の例[6]について，**図表 2-12** に示しておく。

図表 2-12　各顧客満足要素の一例

基本機能	その製品の本来の働き
信頼性	より長く使える
経済性	より手頃な値段で手に入る，使用コストが安い
操作性	使用する人が使いやすい
保守性	普段の手入れやメンテナンス（保守）がしやすい
安全性	使用上の危険性がない
設置性	置きやすい，しまいやすい，運びやすい
快適性	心地よく使用できる
嗜好性	対象とする顧客像（使用者）の好みにあっている
弾力性	各種制約条件や目的にフレキシブルに対応できる

出所：手島直明『価値工学』（日科技連出版社）の図表 6-25 を加筆修正。

3. 顧客満足要素の影響度マトリックス表を作成する。

　・それぞれの顧客要求事項に関連した顧客満足要素を，マトリックス表（**図表 2-13** 参照）の中で明確にしてから，顧客要求事項と顧客満足要素との関連性の程度を考慮して，3 段階評価を示す記号（**図表 2-14** 参照）で区別する。その一方で，各顧客要求事項に対する意見数なども把握して，その意見数の程度に応じた顧客要求事項の頻度別ランク（**図表 2-15** 参照）を設定する。

4. 各顧客満足要素の影響度を決定する。

- 手順 3 で設定した顧客要求事項と顧客満足要素との関連性や，顧客要求事項ごとの頻度別ランクの結果から，顧客満足要素別の合計ポイント数を導き，その合計ポイント数に対応した影響度を，百分率（％）で求める。
- 求めた顧客満足要素別の影響度（％）に対して，プロジェクトメンバー間で意見の相違がある場合には，プロジェクトリーダーが，ファシリテーター役になって，メンバー間の合意形成を促し，最終的な各顧客満足要素の影響度を決定する。

図表 2-13　顧客要求事項×顧客満足要素のマトリックス表の例

顧客要求事項 ＼ 顧客満足要素／頻度	頻度	基本機能	信頼性	経済性	操作性	保守性	安全性	設置性	快適性	嗜好性	弾力性
1．操作の容易化	B				◎$_4$				△$_2$		
2．駆動時の音が小さく	A								◎$_5$		
3．ヒゲくずの処理が簡単	A	△$_3$			◎$_5$	△$_3$					
4．充電式である	B			○$_3$					○$_3$	△$_2$	
5．防水機構がほしい	B		△$_2$				○$_3$				
6．デザイン的な配慮	C									○$_2$	
7．収納しやすい	C							◎$_3$			
8．どこでも気軽に使用できる	B										○$_3$
30．クセヒゲも簡単にカットできる	A	◎$_5$							○$_4$		
合計ポイント数	114	20	5	5	18	3	6	8	25	15	9
顧客満足要素の影響度	100%	17.5	4.4	4.4	15.8	2.6	5.3	7.0	21.9	13.2	7.9

	◎	○	△
A	5	4	3
B	4	3	2
C	3	2	1

図表 2-14　顧客要求事項と顧客満足要素との関連性

◎：顧客要求事項と顧客満足要素の関連性大
○：顧客要求事項と顧客満足要素の関連性中
△：顧客要求事項と顧客満足要素の関連性小

図表 2-15　顧客要求事項の頻度別ランク

Ａ：意見数が非常に多い
Ｂ：意見数が比較的多い
Ｃ：意見数がそれなりにある

[留意事項]

1．1つの顧客要求事項に対して，顧客満足要素が複数関連する場合もあり得る。

2．マトリックス表は原則としてチームメンバーの合議で決定する。

　・顧客要求事項と顧客満足要素との関連性の程度は，あくまでもチームメンバー間の合議のうえで決めることが大切である。

　・各顧客要求事項の頻度別ランクは，アンケート結果やメンバー間の意見を参考にして決めるとよい。なお，ランク別の具体的な定量基準は，一般的には存在しないので，ABC 分析（パレートの法則）のランクを参考にするとよいだろう。したがって，Ａランクとは顧客要求事項のトータル件数の過半数が集中する程度と考えてよく，Ａランクの顧客要求事項自体は，数的にはそんなに多くないと考えるほうが合理的である。

STEP 6：設計品質（製品の基本仕様）の設定

［目的］

　「顧客満足要素」を，企業サイドが具体的に製品に落とし込んでいくために，個々の顧客満足要素に対応すると思われる設計品質項目（設計パラメータ）を探り出して，その基準も明らかにする。

［方法］

　各顧客満足要素に対応すると思われる設計品質の諸項目を列挙する（**図表 2-16** 参照）。そのための手段として，STEP 5 で作成した「顧客要求事項×顧客満足要素のマトリックス表」（**図表 2-13** 参照）を参考にして，「顧客要求事項×設計品質項目のマトリックス表」（**図表 2-17** 参照）を作成する。

［手順］

1．顧客要求事項を顧客満足要素別に整理する

2．製品に対する企業サイドからみた不満点や要望点を列挙する

3．各顧客満足要素に対応した設計品質項目を設定する

4．不満や要望の解決に必要な設計品質項目を追加する

5．各種設計品質項目の相関マトリックス表を作成する

6. 各種設計品質項目の影響度を算定する

7. 必要な設計品質項目を決定する

8. 設計品質項目の技術基準を決定する

図表 2-16　顧客満足要素に対応した設計品質項目～電気シェーバーの例

顧客満足要素 ──→ 設計品質項目		顧客満足要素 ──→ 設計品質項目	
・基本機能	・凸凹部分の衝撃度 ・深剃り性能 ・ヒゲくず処理時間 ………	・設置性	・収納時間 ・軽量化 ………
・信頼性	・故障間隔 ・連続使用時間 ………	・快適性	・防音性 ・凸凹部分の衝撃度 ・急速充電 ………
・経済性	・電気消費量 ………	・嗜好性	・デザインの考慮 ………
・操作性	・ヒゲくず処理時間 ・操作手順（簡便性） ………	・安全性	・過電流防止 ・防水機構 ………
・保守性	・防水機構 ・替刃機構 ………	・弾力性	・携帯式（小型軽量） ・替刃機構 ………

1. 顧客要求事項を顧客満足要素別に整理する。

・STEP 5 で作成した「顧客要求事項×顧客満足要素のマトリックス表」（**図表** 2-13 参照）をみて，それぞれの顧客要求事項を関連性のある顧客満足要素ごとにソーティングして整理する。

　　なお整理する際には，頻度別ランクの高い顧客要求事項から順
　　番に整理するとよい。また，1 つの顧客要求事項が複数の顧客
　　満足要素に関連している場合には，関連している顧客満足要素
　　欄すべてに顧客要求事項を記入しなければならない。

2．製品に対する企業サイドからみた不満点や要望点を列挙する。

　・製品をつくる企業サイドの立場から考えて，製品に対する不満
　　点や要望点がないかを検討し，あれば関連する顧客満足要素に
　　対応させたうえで，顧客要求事項以外のプラスアルファの追加
　　項目として記入する。ただし，追加項目が顧客要求事項と背反
　　する内容の場合は追加してはならない。

3．各顧客満足要素に対応した設計品質項目を設定する。

　・各顧客満足要素に対応した設計品質項目を，関連している顧客
　　要求事項の内容を参考にして設定する。

4．不満や要望の解決に必要な設計品質項目を追加する。

　・手順 2 で追加されたプラスアルファ（企業サイドの不満点や要
　　望点）の解決のために，新たに必要になる設計品質項目があれ
　　ば追加設定する。

5．各種設計品質項目の相関マトリックス表を作成する。

　・手順 1 〜手順 4 の結果を踏まえて，「（顧客要求事項＋ α ）×設
　　計品質項目の相関マトリックス表」を作成する（**図表 2-17** 参照）。

6．各種設計品質項目の影響度を算定する。

　・顧客満足要素に対応した各種設計品質項目の影響度を，プラス
　　アルファ分のポイント数も加えた最終的な合計ポイント数で
　　割って百分率（％）で求める。

7．必要な設計品質項目を決定する。

図表 2-17 （顧客要求事項＋α）×設計品質項目の相関マトリックス表

顧客満足要素		基本機能			信頼性		
設計品質項目		ヒゲくず処理時間	凸凹部分の衝撃度	深剃り性能	防水機構	故障間隔	連続使用時間
基準 / 頻度		○○秒以内/回	従来機の1/2以内	-100ミクロンのカット可能	水深30cmで24時間の耐浸性	MTBF	○○時間/充電
顧客要求事項＋α							
3. ヒゲくずの処理が簡単	A	△₃					
16. 剃り残しが少ない	A			◎₅			
17. 剃り刃の形状工夫	A			○₄			
30. クセヒゲも簡単にカットできる	A			◎₅			
15. 使用時の衝撃が少ない	B		○₃				
10. 連続使用時間を上げる	B						○₃
5. 防水機能がほしい	B				△₂		
＊ 剃り刃のアタッチメント部の強化	B					○₃	
4. 充電式である	B						
合計ポイント数 114＋6＝120		20			5＋3＝8		
設計品質項目の影響度（顧客満足要素単位）		3/120 (2.5%)	3/120 (2.5%)	14/120 (11.7%)	2/120 (1.7%)	3/120 (2.5%)	3/120 (2.5%)

（注）＊は，＋α（企業サイドの不満点や要望点）として追加された項目　　合計ポイント数の欄内に示された＋6は，＋αとして追加された項目の総ポイント数　　○₃は，＋αとして追加された項目の設計品質項目との関連の程度とそのポイント数

・各種設計品質項目の影響度の大小を確認したうえで，最終的に必要な設計品質項目を決定する。この際，全体からみて影響度がきわめて小さな設計品質項目に関しては，チームメンバー間で検討のうえ，最終的に不必要と判断した場合は除去してもよい。

8．設計品質項目の技術基準を決定する。

・必要と判断された設計品質項目に対する技術的基準も設定し，
開発予定の新製品に関する製品の基本仕様を明らかにする。

［留意事項］

1．設計品質項目の設定は，顧客満足要素に関連する顧客要求事項
を参考にする。

・顧客満足要素に関連する顧客要求事項が多ければ，対応する設
計品質項目も多くなることは十分考えられる。しかしその反
面，複数の顧客要求事項が 1 つの設計品質項目に集約できる場
合もあり得る。

2．プラスアルファ（企業サイドの不満点や要望点）も，チームメ
ンバー間でよく検討する。

・プラスアルファで追加された項目の頻度別ランクや設計品質項
目との関連性の程度は，チームリーダーのファシリテートに
よって，チームメンバー間で検討して決めるようにする。そし
て，設定されたポイント数は，設計品質項目の影響度を求める
際の合計ポイント数に加えることを忘れてはならない。

STEP 7：目標売価と許容原価の決定

［目的］

新製品の価値の程度を決める一方の要因である経済性（他方は技
術性＝設計品質項目）に関する諸数値（販売価格・利益・各原価項
目）を決定する。

[方法]

　開発予定の新製品を市場に出荷するには，いくらの値段で顧客（使用者）に提供するのが適切かについて，STEP 6 で設定した設計品質項目を参考にしながら，販売予定時期の社会環境なども予測したうえで決定する。

　売価を設定したら，企業として確保すべき適正利益を決めて，最終的にチームとしてコントロール可能な原価を設定する。つまり，原価企画の実践[注2)] である。

[原価に関する参考事項]

〈原価の3要素〉

① 材料費：主要材料，買入れ部品など

② 労務費：製造に関わる人の人件費

③ 経費：材料費，労務費以外の費用，外注加工費も含まれる

〈直接/間接費の区別〉

① 直接費：ある特定の製品の原価であることが判明している原価で，材料費や労務費は直接費になることが多い

② 間接費：複数の製品にまたがって使用されており区分が難しい原価で，経費は間接費になることが多い

〈固定/変動費の区別〉

① 固定費：売上の増減に関係なく必ずかかる費用
　　減価償却費，人件費，固定資産税など

② 変動費：売上の増減に比例してかかる費用
　　材料費，外注加工費，荷造運賃など

〈限界利益〉

　限界利益＝売上高－変動費＝固定費＋利益

　・利益を得るためには，固定費よりも大きな限界利益を確保しなければならない。

〈製造業の主な原価〉

①　製造原価：工場内で製品を作るために使われた材料や労働力に対して支払われた費用

②　販売促進費：製品を売るために要した費用

③　一般管理費：会社全体の管理，つまりは，総務・人事・経理部門等で発生した費用

［手順］

1．適正小売価格（実勢価格）を設定する

2．利益目標を設定する

3．許容原価を決定する

1．適正小売価格（実勢価格）を設定する。

　・販売予定時期の社会環境を予測して，適正小売価格（実勢価格）を設定する（**図表 2-18** 参照）。STEP 1 で納得が得られる販売計画（**図表 2-3** 参照）がすでに立案されている場合は，そのまま販売計画の小売価格を当てはめてもよい。

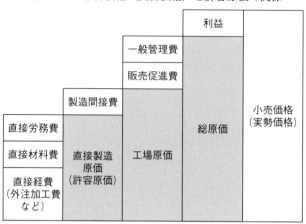

図表 2-18　小売価格（実勢価格）と許容原価の関係

2．利益目標を設定する。

・企業として，製品に対する開発投資費用の回収が見込める範囲内で，実現可能な利益目標を設定する。

3．許容原価を決定する。

・小売価格と利益目標から総原価を求めて，最終的にプロジェクトチームでコントロール可能な許容原価（主に直接製造原価が対応）を決定する。

［留意事項］

1．中期的なスパンで適正な販売数量や小売価格（実勢価格）を設定する。

・必ずしも需要予測手法（回帰分析など）を使わなくとも，社会環境等の変化に関わる信頼性の高い情報をもとにして，中期的なスパン（3〜5年程度）で，販売数量と小売価格を設定する

ように心がける。

2．中期的なスパンで利益目標に適合した小売価格を設定する。

・自社の販売能力も考慮しながら販売数量を設定し，中期的なスパンで，自社の利益目標と適合した小売価格（実勢価格）を設定する。そのためには「損益分岐点分析」（**図表 2-19** 参照）などでシミュレーションを行ったうえで，小売価格（実勢価格）を設定することがより望ましい。

図表 2-19　損益分岐点分析

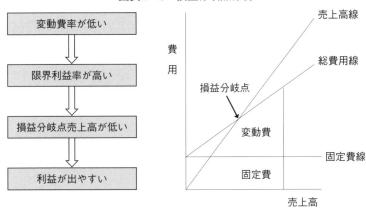

3．プロジェクトチームとしてコントロール可能な原価を明確にする。

・小売価格と利益目標から総原価を求めたら，プロジェクトチームとしてコントロール可能な原価構成を明確にしなければならない。通常は，社内規定で総原価比率から自動的に求められる一般管理費のような間接費は除くことが多い。なお，最もコントロールしやすい A ゾーンコスト[7]が新製品開発プロジェクトの許容原価になることが多い（**図表 2-20** 参照）。

図表 2-20　コントロールしやすい原価ゾーンとは

	直接費	間接費
変動費	最もコントロールしやすい A ゾーン	ややコントロールしにくい C ゾーン
固定費	比較的コントロールしやすい B ゾーン	最もコントロールしにくい D ゾーン

出所：山崎勝『手にとるように原価のことがわかる本』（かんき出版）p.187 の図表を加筆修正。

STEP 8：製品の基本機能の定義

[目的]

　新製品に対して，顧客（使用者）が基本的に望んでいる機能（顧客満足要素の基本機能領域に対応）を明確に定義する。

[方法]

　基本機能（顧客満足要素の１つ）領域に関連している「顧客要求事項＋α（企業サイドの不満点や要望点)」から，新製品としての基本機能（ニーズ機能に対応）を適切に定義する。

[手順]

１．基本機能領域に関連する「顧客要求事項＋α」を把握する

２．製品としての基本機能を定義する

3．基本機能に対応した制約条件を設定する

1．基本機能領域に関連する「顧客要求事項＋α」を把握する。
　　・STEP 6 のアウトプットである「（顧客要求事項＋α）×設計品質項目の相関マトリックス表」（**図表 2-17** 参照）をみて，基本機能（顧客満足要素の 1 つ）領域に関わっている「顧客要求事項＋α（企業サイドの不満点や要望点）」の内容を把握する。
2．製品としての基本機能を定義する。
　　・基本機能領域への関わりが特に大きい（記号で◎対応）「顧客要求事項＋α」を確認し，製品としての基本機能（ニーズ機能に対応）を「名詞＋動詞（～を～する）」の表現で適切に定義する。
3．基本機能に対応した制約条件（設計品質項目とその基準）を設定する。

　　なお，一連の作業（1〜3）のアウトプットイメージは**図表 2-21**に示すとおりである。

図表 2-21　電気シェーバーの基本機能の定義例

基本機能領域の 要求事項＋α （◎の内容）	基本機能の定義		制約条件
	名詞（〜を）動詞（〜する）		
16.　剃り残しが少ない	（1 本 1 本の）ヒゲをカットする		深剃り性能： -100 ミクロン のカット可能
	寝たヒゲをカットする		
	深剃りを可能にする		
30.　クセヒゲも簡単に 　　カットする	クセヒゲをカットする		

［留意事項］

1．基本機能はニーズ機能に対応する。

・基本機能領域での関連の程度が大きい（記号◎に対応）「顧客
要求事項＋α」に限り，製品の基本機能として定義するので，
基本機能はニーズ機能（**図表 1-2 参照**）に対応することになる。

2．他の顧客満足要素に関連しても，基本機能として定義できる場
合もある。

・「顧客要求事項＋α」が，基本機能領域以外の顧客満足要素に
同時に関連している場合でも，基本機能領域の関連の程度が大
きい（記号◎に対応）場合は，製品の基本機能として定義して
よい。

2.4 開発基本着想の創造の実施

　本節では，STEP 8 で定義された新製品の基本機能をもとに，そ
の機能を果たすアイデアを多様な角度から創造し，新製品のイメー
ジを追求する。

STEP 9：新製品の基本着想の発想

［目的］

　新製品の基本機能を果たす基本着想アイデアを発想して，ビジュ
アル化（スケッチ図）する。

［方法］

・改良型新製品の場合：基本機能の基本着想アイデアは，現製品（旧型製品）で具現化されているケースが多いので，この STEP はあえて省略する。

・革新型新製品の場合：基本機能の基本着想アイデアは現存しないので，多様な角度から基本機能の達成アイデアを発散的思考で創造する。

［手順］

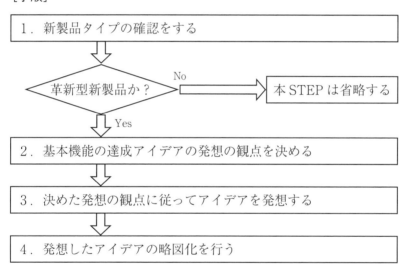

1．新製品タイプの確認をする。

　・「STEP 2：開発製品の位置づけ」で決めた開発方針を再確認し，それに適合した新製品は，革新型新製品なのか否かを最終判断する。

2．基本機能の達成アイデアの発想の観点を決める（革新型新製品
　の場合）。

　・Aタイプ（新技術適用型製品），Bタイプ（異種技術適用型製
　　品），Cタイプ（既存技術組合せ型製品）のいずれのタイプな
　　のかを確認する。

3．決めた発想の観点に従ってアイデアを発想する。

　・Aタイプ：新技術適用型の場合：対象とする新技術でどのよ
　　うな（基本）機能や効用が生み出せるのかを再度認識したうえ
　　で，近未来の社会マクロ環境（近未来市場）に適合しそうな，
　　基本着想アイデアを発想する。

　・Bタイプ：異種技術適用型の場合：他産業で活用されている異
　　種技術と，自社のコア技術（強みとなる技術）とのコンバイン
　　によって，どのような相乗効果が期待できるかを考慮して，基
　　本着想アイデアを発想する。

　・Cタイプ：既存技術組合せ型の場合：自社や協力企業等の他製
　　品領域の既存技術と，自社のコア技術（強みとなる技術）との
　　コンバインによって，どのような相乗効果や付加価値が期待で
　　きるかを考慮して，基本着想アイデアを発想する。

　・いずれのタイプの場合も，開発基本着想の素材となり得るアイ
　　デア（文章レベル：着想の第一歩）を，創造技法を活用して，
　　たくさん発想する。

〈主な創造技法〉

　①　ブレーンストーミング法

　1939年に米国の A.F. オズボーンが広告関係のアイデアを出すた
めの新しい会議方式として提唱したのが始まりである。1つの問題

についてあらゆる角度から討論し，その場で回答を求め，短時間に大量のアイデアを得る方法である。ルールとして，4つの規則がある。基本的には自由連想である（図表 2-22 参照）。

図表 2-22　ブレーンストーミングの概要

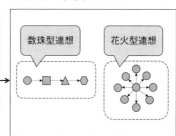

批判厳禁：よいとか悪いの判断は一切してはいけない

自由奔放：自由奔放に発想し，自由に発言することを歓迎する

量を求む：できるだけ数多くのアイデアを生む

改善結合：今までに得たアイデアからの連想によりよりよいアイデアを出す

数珠型連想

花火型連想

② オズボーンのチェックリスト

アイデアが出ないときに，強制的にアイデアを発想するための手法である。やや強引な手法ともいえるが，発想の飛躍ができるので，

図表 2-23　オズボーンのチェックリスト

1. 転用（Put to other use）	4. 拡大（Magnify）	7. 置換（Rearrange）
・他に使い道はないか？ ・改善・改良で新しい使い道はないか？ ・そのままで，新しい使い方はないか？	・大きくしてみたらどうか？ ・何か加えられないか？ ・強く，高く，長く，厚く，頻度大は，付加価値はどうか？	・入れ替えてみたらどうか？ ・要素を取り替えたらどうか？ ・他のパターンは可能か？ ・原因と結果を入れ替えたらどうか？
2. 応用（Adapt）	5. 縮小（Minify）	8. 逆転（Reverse）
・他からアイデアを借りれないか？ ・他に似たものはないか？ ・過去に似たものはなかったか？ ・何か真似できないか	・小さくしみたらどうか？ ・何か減らせないか？ ・弱く，低く，短く，薄く，省略は，分割はどうか？	・逆にしてみたらどうか？ ・後ろ向きにしたらどうか？ ・上下をひっくり返したらどうか？ ・主客転倒したらどうか？
3. 変更（Modify）	6. 代用（Substitute）	9. 結合（Combine）
・変えてみたらどうか？ ・新しいひねりはないか？ ・意味，色，動き，音，匂い，様式，型などを変えられないか？	・他のもので代用できないか？ ・他の素材は，アプローチはないか？ ・他の構成要素（部品）はないか	・組み合わせてみたらどうか？ ・ブレンドしたらどうか？ ・目的を組み合わせたらどうか？

思いも寄らないアイデアが生まれることもある。ブレーンストーミングの考案者である，Ａ・Ｆ・オズボーンによる発想の法則である（図表 2-23 参照）。

4．発想したアイデアの略図化を行う。

・手順３で発想したアイデア（文章レベル）をヒントにして，着想の第二歩ともいえるアイデアの略図化を行う。

・略図化の際には，アイデア（文章レベル）と略図の関係を明確にするために，アイデア（文章レベル）番号をふり，略図のほうには，その内容の元となったアイデア番号を記録として残す（図表 2-24 参照）。

・１つの略図を検討するときは，複数のアイデア（文章レベル）を利用することも可能な限り考える。

図表 2-24　アイデアの略図化

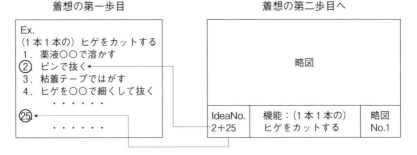

[留意事項]

1．基本着想アイデア（文章/略図）を検討する際には，発散的思考で行う。

・１つのアイデアにこだわらず，この段階では発散的思考でアイ

デアを創造することが重要である。

2．限られた時間内でアイデアを発想するために創造技法を活用する。

　・所定の時間内で，集中してアイデアを発想する（特に文章レベルのアイデア段階）には，自由連想法（特にブレーンストーミング法）を前提にした会議方式で行うとよい。

　・チームメンバー間でアイデアの伸びが欠く状況下や，1 人でアイデアを発想する環境下（特に略図レベルのアイデア発想段階）では，強制連想法の 1 つであるオズボーンのチェックリストを活用するとよい。

3．アイデアの略図化作業は，デザイン思考に通じることを認識する。

　・文章レベルの着想の第一歩から，略図（スケッチ）を描く着想の第二歩に踏み込むことで，アイデアの具体的イメージがメンバー間で共有できる。

　・略図は，新たな発見やさらなる思いつきにつながる可能性が高いので，初歩的ではあるが，デザイン思考の特徴の 1 つであるプロトタイプ作成に近い効用が望める。

2.5　開発基本着想の評価・決定

　本節では，STEP 9 の成果である革新的新製品の基本機能を果たす多様なアイデアの中から，有望なアイデアを評価・選択して，新製品タイプに最適な開発基本着想案にまとめる。

STEP10：新製品の基本着想の評価

[目的]

　革新型新製品の場合：複数の着想案から最適な基本着想案を選定する。

[方法]

・改良型新製品の場合：STEP 9 同様，本 STEP も省略する。

・革新型新製品の場合：STEP 9 に引き続いて，本 STEP を実施する。

[手順]

1．略図の観点別整理表を作成する

2．略図の実現可能性を評価する

3．開発基本着想案の検討を行う

1．略図の観点別整理表を作成する。

　・STEP 9 で作成した多数の略図の内容をメンバー間で共有化し，略図を特徴別に分類したうえで，略図の観点別整理表を作成する（**図表 2-25** 参照）。

2．略図の実現可能性を評価する。

　・技術的（主に基本機能に関連する設計品質項目など）にも，経済的（許容原価や開発初期投資金額など）にも，実現の期待がもてる略図を（革新的）新製品の基本着想の候補略図として，

図表 2-25　略図の観点別整理表と基本着想案の検討

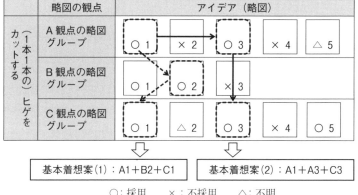

○：採用　　×：不採用　　△：不明

選択・決定する。

3. 開発基本着想案の検討を行う。

・選択された"○"の略図を活用した，基本着想案を検討する。そのためには，複数の候補略図を組み合わせることによって，より革新的な基本着想案を検討することも行うとよい（**図表 2-25** 参照）。

［留意事項］

1. 基本着想案は，必ずしも 1 つに限定する必要はない。

・この段階では，基本着想案は必ずしも 1 つに絞る必要はなく，複数案（2～3 案程度）にしても構わない。

2. 基本構想案は，メンバー間でイメージの共有化を図ることが重要である。

・この段階での基本着想案は，ラフスケッチレベルで構わないが，メンバー間で，新製品のコンセプト（概念）を共有化すること

が重要である。

[☆ STEP 9・10 を革新型新製品の場合のみ実施する理由]

「革新型新製品」の場合は，既存の製品群だけを参考にしても，新製品のイメージの把握に，直接つながらない可能性が高い。したがって，このステップを実施することによって，新製品の革新的なイメージを創出し，提案された「革新的製品の基本着想」を企画書の中に挿入するとよい。そうすることによって，抽象的で夢物語的になりがちな企画書が，具体的でより信憑性の高い企画書に洗練化されるからである。

その一方で，「改善型新製品」の場合は，既存の製品群を参考にすれば，新製品のイメージがかなりの程度把握できる。そのため，このステップを実施すると，製品イメージが着想段階で固定化されて，従来の製品（企画・開発予定の新製品の旧型機種）と代わり映えしない新製品が開発される危険性が高い。したがって，改善型新製品の場合は，このステップはあえて省略したほうが望ましいと考えるものである。

STEP11：製品企画書の立案

[目的]

開発予定の新製品の達成目標（品質・価格・納期など）を設定し，今後のプロジェクト活動の進むべき方向を明確にする。

プロジェクトメンバーは，企画書の内容を開発支援者（各関連部門の責任者など）に正しく伝えると同時に，プロジェクトテーマに

精通する。

[方法]

STEP 1 から STEP 8（あるいは STEP10）までのアウトプット
内容とプロジェクトの達成目標（品質・価格・納期など）を関連づ
けて，簡潔・明瞭に整理して「企画書（案)」として仕上げる。

[手順]

1．企画書（案）のたたき台を作成する

2．企画書（案）の内容を検証する

3．DR-1（企画段階の DR）を準備する

4．DR-1 の実施と企画書を承認する

1．企画書（案）のたたき台を作成する。
　・「企画書に盛り込む諸項目」（**図表 2-26** 参照）を参考にして，
　　企画書（案）のたたき台を作成する。
2．企画書（案）の内容を検証する。
　・企画書（案）の内容を，各項目別にプロジェクトメンバー全員
　　で検証し，事実と相違する箇所があれば修正し，不足事項もあ
　　れば補う。
3．DR-1（企画段階の DR）を準備する。
　・企画書（案）を小冊子にまとめるとともに，DR-1 のプレゼン

図表 2-26 企画書に盛り込む諸項目

1．開発プロジェクトの位置づけ
    1-1　シェーバーとは
    1-2　開発予定シェーバーのシリーズの変遷
    1-3　開発製品の位置づけ

2．新製品開発のねらい
    2-1　新製品開発テーマの選定理由とその背景
        STEP 1 の内容を参考にする
    2-2　対象となる顧客像
        STEP 4 のシェーバーのシナリオも参考にする
    2-3　新製品開発テーマに対する各顧客満足要素の影響度

3．利益＆原価の達成目標
    3-1　小売価格目標
    3-2　原価企画（利益目標＆許容原価）
        開発テーマ（シェーバー）でプロジェクトチームとしてコントロールすべき原価を明確にする

4．事業目標の設定（今後○年後）

5．プロダクトコンセプト
    5-1　市場での位置づけ
        STEP 3 で明確にした市場タイプを参考にする
    5-2　技術的基本仕様
        STEP 6 で設定された設計品質項目を整理する
    5-3　製品の基本機能
        STEP 8 の内容を提示する

6．今後の活動計画
    開発工程にリンクさせて，今後の VE 活動（1st Look VE）の計画を立案する

7．その他
    特許・実用新案情報があれば添付する

テーション用の EXCEL シート（あるいは PPT）を作成する。
そして，DR-1 に向けたプレゼンテーションのリハーサルを実
施し，不十分な点をチェックして DR-1 に備える。

4．DR-1 の実施と企画書を承認する。
・製品開発に関わる関連部署の責任者に参加してもらい，DR-1
を実施したうえで，質疑応答を行う。そして企画内容に異議が
ない場合は，最終的に企画書を承認してもらう。

［留意事項］

1．DR-1 のプレゼンテーションは，視覚に訴える方法を試みる。
・PPT で視覚に訴えるグラフなどを活用するとよい。たとえば，
利益や原価の目標達成に関連して「損益分岐点分析」（**図表
2-19** 参照）などを説明すると説得性が高まる。

2．DR では，他部門との相互理解を心がける。
・DR-1 では，企画案の内容（Q，C，D など）をレビューし，承
認を得るわけだから，特に営業や製品企画部門と技術設計部門
との相互理解を心がける。

3．再考の要望があれば，ただちに再検討のうえで承認を得る。
・企画案の内容が受け入れられなかった場合，再考内容をただち
に確認し，検討のうえで DR-1 を再開して承認を得る。

4．革新型新製品の場合は，最適な基本着想案を 1 つに決定する。
・革新型新製品の場合は，STEP10 で検討した「開発基本着想案」
もプレゼンテーションで説明し，DR-1 にて，最適基本着想案
を選定する。

（注）

注1）思考のツールキット

　特定の問題や課題を解決するために，あらかじめ用意された創造的問題解決に有効な一連の思考系ツール。

注2）原価企画の実践

　ここでは，狭義での原価企画を意図しており，新商品（新製品）企画の際に，商品の目標利益から逆算して，原価目標（許容原価）を設定（企画）することである。

第2章　参考文献

[1]　土屋裕監修，産能大学 VE 研究グループ著『新・VE の基本』産業能率大学出版部，1998.

[2]　澤口学『日本式モノづくり工学入門』同友館，2015.

[3]　澤口学，川上浩司他「不便益の実装〜バリュー・エンジニアリングにおける新しい価値」近代科学社 Degital，2020.

[4]　田中雅康『原価企画の理論と実践』中央経済社，1995.

[5]　村上芽・渡辺珠子『SDGs 入門』日経文庫，2019.

[6]　手島直明『実践価値工学』日科技連出版社，1993.

[7]　山崎勝『手にとるように原価のことがわかる本』かんき出版，1991.

開発設計段階の VE/VM (1st Look VE/VM) の実践

3.1 開発設計段階の VE (1st Look VE) の Job Plan

　企画段階の VE（0 Look VE）を経て企画書が承認されると，通常は開発設計段階の VE/VM の活動に入っていく。つまり，企画書の内容を製品設計図に具体化していくための開発設計活動，本ケースで扱うような製品の場合は，開発設計段階の VE（1st Look VE）を実施することになる。

　特に，革新型新製品がターゲットの場合は，DR-1（図表 0-7 参照）で選定された最適基本着想案を具体化するための開発設計活動になる。

　通常 1st Look VE は，VEP を複数回繰り返すことによって，企画書の内容を詳細設計図に仕上げていくことになるが，本書では，

図表 3-1　開発設計段階の VE（1st Look VE）の Job Plan

【基本 STEP】	【詳細 STEP】
企画要求機能分析	STEP12 製品企画書の内容把握 STEP13 企画要求機能の定義 STEP14 企画要求機能の整理 STEP15 開発設計目標コストの設定
開発基本構想の創造	STEP16 開発設計基本構想アイデアの発想 STEP17 開発設計基本構想アイデアの評価 STEP18 開発設計基本構想の具体化・構成化
開発基本構想の評価・決定	STEP19 開発設計基本構想の評価・決定 STEP20 概念設計図の作成

最初の VEP に対応した Step12〜 Step20（**図表 3-1** 参照）を実施して，概念設計図を提案するところまでを紹介することにする。

また，下位設計段階に対応した Job Plan も参考のために，**図表3-2** に示す。基本的な進め方は，Step12〜 Step20 の進め方と本質

図表 3-2　設計段階の VE（1st Look VE）の Job Plan（下位設計段階）

【基本 STEP】	【詳細 STEP】
設計要求機能分析	STEP21 設計要求機能の定義 STEP22 設計要求機能の整理 STEP23 下位構造設計目標コストの設定
下位構造の創造	STEP24 下位構造アイデアの発想 STEP25 下位構造アイデアの評価 STEP26 下位構造アイデアの具体化・構成化
下位構造の評価・決定	STEP27 下位構造の評価・決定 STEP28 基本設計図の作成
細部設計要求機能分析	STEP29 細部設計要求機能の定義 STEP30 細部設計要求機能の整理 STEP31 細部構造設計目標コストの設定
細部構造の創造	STEP32 細部構造アイデアの発想 STEP33 細部構造アイデアの評価 STEP34 細部構造アイデアの具体化・構成化
細部構造の評価・決定	STEP35 細部構造の評価・決定 STEP36 詳細設計図 (生産設計図) の作成

（注）1st Look VE の Job Plan では，VEP を通常 3 回繰り返す形で紹介しているが，テーマの規模に依存するので，1〜2 の場合もあり得る。それ以上だと，VE というより類似構造のベンチマークの色彩が強い。

的には変わらない。設計の視点が下位構造領域の機能に深掘りしていくことになるわけである。

　なおケーススタディは，前章の 0 Look VE を継承する意味からも，同じ製品である電気シェーバーを取り上げる。

3.2　企画要求機能分析の実施

　本節では，企画段階の VE（0 Look VE）の成果である製品企画書（DR-1 で承認済み）をインプット情報にして，企画要求機能分析を実施して，達成すべき企画要求機能と，それに対応する開発設計目標コストを設定する。

STEP12：製品企画書の内容把握

［本ステップの概要］

・企画段階の VE（0 Look VE）の活動を通して，立案した製品企画書が正式に DR-1 で承認された後は，速やかに，開発設計段階の VE（1st Look VE）の活動に移行しなければならない。

・そのためには，このステップを通して，製品企画書の内容をチームメンバー全員で正しく理解して共有化し，1st Look VE がスムーズに遂行できる環境を醸成することが大切である。

・特に，この段階から新たにプロジェクトに参加するメンバーがいる場合は，なおさらこのステップの重要性は高まってくる。

STEP13：企画要求機能の定義

［目的］

　企画書の内容を正しく把握し，新製品が備えるべき機能を「企画要求機能」として明確に定義する。

［方法］

　STEP 6 で作成した「（顧客要求事項＋α）×設計品質項目の相関マトリックス表」（**図表 2-17 参照**）を参考にして，STEP 8 で定義した基本機能以外の企画要求機能を本 STEP で適切に定義する。

　企画要求機能には，使用機能と魅力機能（**図表 1-2 参照**）があるので，耐久消費財のように魅力機能のウエイトが大きい製品群の場合は，魅力機能の定義も行う。使用機能と魅力機能の 2 タイプに関しては，特徴比較表に整理して**図表 3-3** に再掲する。

図表 3-3　使用機能と魅力機能の特徴比較表

使用機能	魅力機能
・実用的な機能であり，製品の使用目的に関わる機能である。 ・ほぼ客観的に把握できる機能である。 ・工業製品である限り，製品の基本機能は使用機能である。	・感性的な機能であり，製品の意匠等に関わる機能である。 ・ほぼ顧客の感覚的な好みに関わる機能である。 ・製品のデザインやネーミングなど好き嫌いに関わる機能である。

［使用機能と魅力機能の定義方法に関する参考事項］

〈使用機能の定義方法〉

・STEP 8 の製品の基本機能の定義と同様に，「名詞＋動詞（〜を

〜する）」の2語で簡潔かつ明瞭に使用機能（ニーズ機能とウォンツ機能）を表現する。

・名詞と動詞で表現することにより，各々の使用機能が明確に把握できる。

〈魅力機能の定義方法〉

・形容詞的記述形式で，魅力機能（アートデザイン機能とレター機能）を表現する。形容詞的記述で表現することによって，「製品の独特な性質を示した魅力機能」をより感覚的に把握することが可能になる。

■使用機能の定義編

［手順］

1．定義された基本機能を確認する

2．基本機能領域以外の顧客満足要素に関連する（顧客要求事項＋α）を把握する

3．顧客満足要素ごとの使用機能を定義する

4．技術的制約条件を設定する

5．ニーズ機能とウォンツ機能に分類する

1．定義された基本機能を確認する。

　・STEP8で定義された基本機能の内容を確認して，これらの基

　　本機能は，企画要求機能の中でも特に製品の根幹に関わる
「ニーズ機能」（**図表 1-2 参照**）であることを確認する。
２．基本機能領域以外の顧客満足要素に関連する（顧客要求事項＋
　　a）を把握・確認する。
　　・STEP 6 で作成した「（顧客要求事項＋a）×設計品質項目の
　　　相関マトリックス表」（**図表 2-17 参照**）を確認して，基本機能
　　　領域（顧客満足要素の１つ）以外の顧客満足要素に関わってい
　　　る（顧客要求事項＋a）の内容を把握・確認する。
３．顧客満足要素ごとの使用機能を定義する。
　　・それぞれの顧客満足要素と関わりがある（顧客要求事項＋a）
　　　を確認し，製品の基本機能以外の使用機能を，顧客満足要素ご
　　　とに適切に定義する。
４．技術的制約条件を設定する。
　　・定義した使用機能に対応する技術的制約条件（Step 6 で設定し
　　　た設計品質項目とその基準：**図表 2-17 参照**）を，適宜設定する。
５．ニーズ機能とウォンツ機能に分類する。
　　・定義された各々の使用機能を，ニーズ機能とウォンツ機能に分
　　　類する。

　　この一連の作業（手順 1〜5）をワークシートに記入した内容（電
気シェーバー）の一部を**図表 3-4** に示す。

［留意事項］
１．基本機能以外の使用機能を，各顧客満足要素に対応した（顧客
　　要求事項＋a）から定義する。

図表 3-4　電気シェーバーの使用機能の定義

顧客満足因子	企画要求機能（使用機能）		ニーズ	ウォンツ	技術的制約条件
	名詞	動詞			
基本機能	（1本1本の）				
	ヒゲを	カットする	○		
	寝たヒゲを	カットする	○		深剃り性能： -100 ミクロンの カット可能
	深剃りを	可能にする	○		
	クセヒゲを	カットする	○		
信頼性	水の浸入を	防ぐ		○	水深 30cm で 24 時間の耐浸性
	衝撃力を	吸収する		○	凸凹部分の衝撃度従来機の 1/2
	……………				
操作性	ヒゲくずの 処理を	簡単にする	○		
	……………				

・各顧客満足要素から使用機能を定義する際には，基本機能の定義のように関連の程度が大きい◎の（顧客要求事項＋α）だけに限定する必要はない。

2．複数の顧客満足要素に関連している（顧客要求事項＋α）は，関連している顧客満足要素すべてに使用機能として定義する。

3．制約条件に関しては，その関わりが直接的だと思われる使用機能の位置に対応させる。

4．ニーズ機能とウォンツ機能の区別は企画書の内容から判断する。

・どの使用機能がニーズ機能でまたウォンツ機能なのかを企画書の内容をよく理解したうえで，分類するように心がける。

・つまり，ニーズ機能は基本機能だけだと短絡的かつ機械的に断定してはいけない。

■魅力機能の定義編

［手順］

1. 魅力機能に関わる顧客要求事項の有無を確認する

2. 対象とする顧客像を確認する

3. 魅力機能（アートデザイン機能に対応）を発想する

4. 魅力機能（アートデザイン機能に対応）を定義する

1．魅力機能に関わる顧客要求事項の有無を確認する。

・魅力機能に関わる顧客要求事項が存在するかどうかを確認して，存在する場合は，魅力機能の定義の作業に入っていく。

2．対象とする顧客像を確認する。

・STEP 4 の「顧客像（使用者）の明確化」で作成した「シナリオライティング（**図表 2-11** 参照）の内容」をチームメンバー間で再度確認しながら，顧客のデモグラフィック（人口学的）な面だけでなく，サイコグラフィック（心理学的）な面も考慮して，対象顧客（使用者）の性格を，多面的に理解するように心がける。

3．魅力機能（アートデザイン機能に対応）を発想する。

・対象顧客像のイメージに感覚的にフィットしていると思う形容詞的表現を，「アートデザインの3要素」（**図表 3-5** 参照）別に，チームメンバーで自由に発想する。

図表 3-5　アートデザイン機能の 3 要素

要素	性質	形容詞的表現の一例
色	色相，明度，彩度	さわやかな色，若々しい色
形	線，面，立体	落ち着いた形，フレッシュな形
質感	材料の性質	透明感のある質感，清潔感のある質感

　　・なお発想する際には，3 要素（色・形・質感）ごとに一定の発
　　　想時間（たとえば，10 分程度）を設定してすすめるようにする。
4．魅力機能（アートデザイン機能に対応）を定義する。
　　・発想したアートデザイン機能の中から，ネガティブな表現で顧
　　　客像のイメージからも掛け離れているような形容詞的表現のも
　　　のはカットする。
　　・最終的に残った機能を，魅力機能として定義したものとする
　　　（図表 3-6 参照）。

図表 3-6　電気シェーバーの魅力機能の定義の例

魅力機能（アートデザイン）の定義		
色	形	質感
形容詞表現	形容詞表現	形容詞表現
アクティブな色 メリハリのある色 軽快な色 シャープな色 フレッシュな色 ピュアな色 ………	アクティブな形 スポーティーな形 コンパクトな形 ハンドリングのよい形 清々しい形 ラウンドフォルムな形 ………	シンプルな形 直線的な質感 なめらかな質感 ソフトな質感 手触りのよい質感 しっかり感のある質感 ………

［留意事項］

1．特にデザイン上の顧客要求事項が多い場合に魅力機能の定義を
　行う。

2．魅力機能の定義は，顧客像に近い人に定義してもらうのが最適
　である。

　・魅力機能の定義は感覚的な領域であるため，定義を行う際には，
　　顧客像に近いメンバーを入れるほうが感性的に合いやすく，ベ
　　ターなやり方である。

3．レター機能に関しては，あらかじめ準備しておいた複数のネー
　ミング候補から，製品コンセプトにより適したネーミングを選択
　するケースが多い。

STEP14：企画要求機能の整理

［目的］

　個々に定義された企画要求機能（使用機能や魅力機能）を体系的
に整理して，開発予定の新製品として必要な機能を，ビジュアル的
に把握する。

［方法］

　使用機能の場合は，個々に定義された使用機能を「目的―手段」
の論理で体系化して「使用機能系統図」を作成する。なお「目的―
手段」の論理は，あくまでも2つの機能の相対関係であるが，この
論理の展開によって，結果的にすべての使用機能の体系化が図られ
る。

魅力機能の場合は，アートデザインの3要素ごとに定義された魅力機能を作成者の主観（感性）を頼りに，イメージ的に体系化して「魅力機能系統図」を作成する。

[使用機能系統図の作成方法]

通常は，単に機能系統図と呼んでおり，あくまでも2つの使用機能の「目的―手段」の相対関係から体系化される（**図表** 3-7 参照）。今回は，詳細説明は割愛する。詳細な手順を知りたい方は，通常のVE 書籍[1]を参照してほしい。

図表 3-7 （使用）機能系統図の概念図

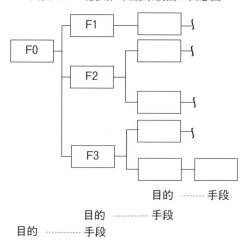

目的 ………… 手段

目的 ………… 手段

目的 ………… 手段

[魅力機能系統図の作成方法（今回提案する方法）]

アートデザインの3要素（色・形・質感）別に，作成者の感性によって，顧客イメージにより近いと感じた形容詞的表現を上位に位

102

置づけて，一種の「イメージ体系図」ともいえる魅力機能系統図を作成する。今回作成する魅力機能系統図は，あくまでも作成者の感性に負うところが多い。

　一方で，多変量解析（主成分分析，因子分析やクラスター分析など）を活用して，客観的に魅力機能系統図を作成する方法もある。確かに現在は，安価に購入できる市販の統計ソフトも充実しているので，この方法も十分あり得る。しかし，作成者自身に統計的知識が備わっていないと，解析結果の解釈に齟齬が生じ，チームメンバー間での共有化が困難になる恐れもある。

　したがって，本書では，より実践的に作成できる「イメージ体系図」の手順説明を行うことにする。

■使用機能の整理編

［手順］

1. 使用機能をカード化する

2. 使用機能を体系化する

3. 使用機能系統を確認する

4. 技術的制約条件を設定する

1．使用機能をカード化する。

　・STEP13で定義された企画要求機能（**図表 3-4** 参照）の中の使用機能を，機能カードへ転記する。なお転記の際は，構成要素

の欄には，定義した機能に対応する「顧客満足要素」を記入する（図表 3-8 参照）。

図表 3-8　使用機能カードの転記例

機能	
水の浸入を防ぐ	
構成要素	コスト
信頼性	

2．使用機能を体系化する。

・任意に 1 枚の機能カードを取り出し，その機能に対して目的となる上位機能を追求する。上位機能の追求は「何のために？（WHY？）」という目的追求質問を任意のカードに投げかける。そして，回答となる機能を定義し，その機能カードを他の機能カードの中から捜して，任意に取り出した機能カードの上位（通常は左側）に位置づける（図表 3-9 参照）。以上の思考を繰り返して機能の体系化を行う。

図表 3-9　上位機能の位置づけ

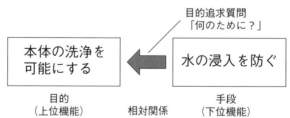

目的追求質問
「何のために？」

本体の洗浄を可能にする　←　水の浸入を防ぐ

目的　　　　　　　　相対関係　　　　　　手段
（上位機能）　　　　　　　　　　　　（下位機能）

3．使用機能系統を確認する。

・すべての機能の体系化が終わったら，機能系統が論理的に的確
かどうかを確認する。機能系統の確認は「どのような手段機能
で？（How to？）」という手段追求質問を投げかけて，すでに
位置づけられている下位機能で，上位機能が十分達成できるか
どうかを確認する。上位機能に対して下位機能が必要かつ十分
であれば，機能系統は的確である。しかしそうでない場合は，
不足する下位機能を追加する必要がある。

4．技術的制約条件を設定する。

・完成した使用機能系統図上の各機能に対する技術的制約条件を
再確認し，それを使用機能系統図上に明記する。なお，設定す
るすべての技術的制約条件は，その条件が直接関連すると思わ
れる系統図上の機能の下に明記する。

　なお，**図表 3-10** は，電気シェーバーの使用機能系統図の一例で
ある。

［留意事項］

1．機能の体系化を行う際に，ある機能の上位機能が複数ある場合
には，手段にあたる機能を必要な数だけカードに追加して転記
し，機能系統図はオープン・システムのダイアグラムとしてまと
める。

2．異なった顧客満足要素から定義された同一表現の機能が，同じ
上位機能の手段機能となっている場合は，機能カードの構成要素
欄が確認できるようにずらして重ねておく（**図表 3-12** 参照）。

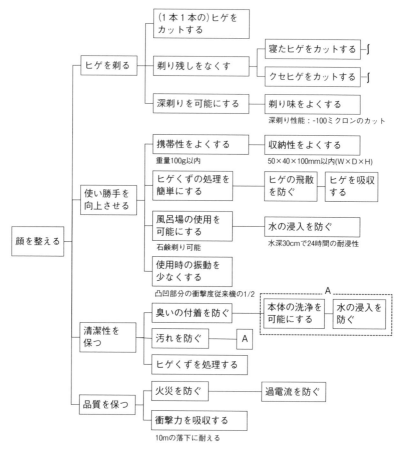

図表 3-10　電気シェーバーの使用機能系統図の例

3．上位機能に対する下位機能には，上位機能の技術的制約条件を
　満たすための十分手段機能として位置づけられるケースもある
　（図表 3-13 参照）。

4．使用機能系統図作成のプロセスは，創造力刺激のプロセスでも
　ある。

図表 3-11　機能系統図の適切な表現方法：その 1

① 手段機能の追加が少ない場合（手段機能のカードを追加）

正しい表現

② 手段機能の追加が多い場合（一連の手段機能のかたまりをサブルーチン化）

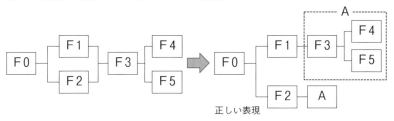

正しい表現

図表 3-12　機能系統図の適切な表現方法：その 2

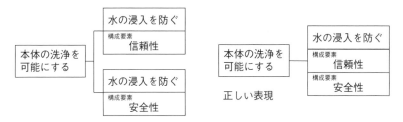

正しい表現

・系統図の作成では，各使用機能の意味と，それらの「目的—手段」関係について思考するので，機能的観点から，旧製品のムダや，あるべき姿に気づきやすい。ゆえに，創造力を刺激するプロセスともいえる（**図表 3-14** 参照）。

図表 3-13　機能系統図の適切な表現方法：その 3

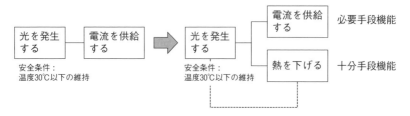

図表 3-14　使用機能系統図の効用関連図

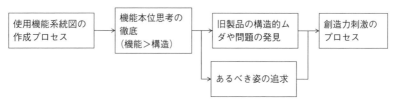

■魅力機能の整理編

［手順］

1．魅力機能（アートデザイン機能に対応）の最上位機能を追求
　　する

2．定義した魅力機能を評価する

3．魅力機能をカード化する

4．魅力機能を体系化する

1．魅力機能（アートデザイン機能に対応）の最上位機能を追求す
　　る。

・「すべての魅力機能を提供するのは何のためなのか？」という
　質問をして，その答えをプロジェクトメンバー間で決めたうえ
　で「〜を〜する」という表現で定義して，これを魅力機能の最
　上位機能として位置づける。

　〈例〉

　・× 商品イメージをアップする（企業本位の感覚）

　・○ ヒゲ剃り時の気分を爽快にさせる（顧客本位の感覚）

2．定義した魅力機能を評価する。

・各魅力機能を否定的表現にしたら，最上位機能も否定されるか
　どうかを感覚的に判断する。もしも，最上位機能が否定されな
　い場合は，その魅力機能は最上位機能とはイメージが一致しな
　いという解釈で，定義した魅力機能から削除する。

　〈例〉

　・「アクティブな色」のケース

　　アクティブな色でなかったら，ヒゲ剃り時の気分が爽快にな
　　らない（と感じるか？）

　　そう思う → 採用

　　そう思わない → 不採用

3．魅力機能をカード化する。

　最終的に採用された魅力機能を，アートデザインの3要素別に，
　カードへ転記する。

4．魅力機能を体系化する。

・カードに転記された魅力機能に対して，アートデザインの3要
　素ごとに，魅力機能のイメージの体系化を行う。

・この作成プロセスは，あくまでも作成者の感性（主観）に基づ

くため，最上位機能によりイメージがフィットすると感じた機能を上位に位置づけ，その下位には，イメージを従属させてもよいと感じた機能を位置づける。この思考（感覚）を繰り返して，最終的に「魅力機能系統図（イメージ体系図）」が作成される。

なお，図表 3-15 は，電気シェーバーの魅力機能系統図の一例である。

図表 3-15　電気シェーバーの魅力機能系統図の例

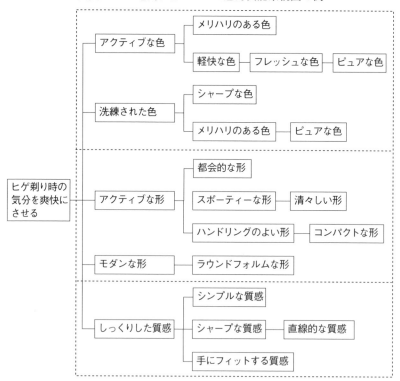

［留意事項］

1．魅力機能系統図は，顧客（使用者）像に近い感性と思われる人に作成してもらうのが最適である。

　・通常のプロジェクトメンバーの感性が顧客像と隔たりがあると感じる場合は，魅力機能系統図を作成する際に，顧客像に感性が近いと思われる人（社員）の参画を募り，作成まで協力してもらうとよい。

2．最上位機能は，プロジェクトメンバー間で意見の共有化を図ったうえで導くとよい。

　・魅力機能の最上位機能は，最上位という性質を考えると，多く存在するとは思えないので，プロジェクトメンバー間で意見の共有化を図ったうえで，最上位機能（製品コンセプトを参考に1つないし2つ程度に絞る）を導くように心がける。

3．魅力機能の評価は，顧客（使用者）像に近い感性の人の判断を尊重する。

　・魅力機能の評価の際は，チームメンバー間で意見の多かったほうの判断を尊重するか，顧客（使用者）像に親和性があるメンバーがいる場合は，その人の判断を尊重するとよい。

4．魅力機能系統図は，作成結果同様に，作成プロセスにも意義がある。

　・魅力機能系統図は，顧客像に適した製品コンセプトをビジュアル的に把握しつつ，創造力を刺激するプロセスでもあるので，作成プロセスにも意義がある。

STEP15：開発設計目標コストの設定

[目的]

　明らかになった企画要求機能に対して，許容原価を配分し，機能別目標コスト（機能評価値）を設定する。

[方法]

　STEP14で作成した使用機能系統図の機能分野に対して，魅力機能（アートデザインの3要素に対応）を考慮したうえで，許容原価を配分して，機能別目標コスト（機能評価値）を決定する。

[手順]

1．機能分野を設定する

2．顧客満足要素別許容原価を把握する

3．機能分野別顧客満足要素を把握する

4．機能分野別許容原価を算定する

5．使用機能×魅力機能の機能相関マトリックス表を作成する

6．機能分野別許容原価を修正する

7．機能別目標コスト（機能評価値）を決定する

1．機能分野を設定する。
・使用機能系統図をみて，概念設計レベルのアイデアを発想するのにふさわしいと思う機能レベルを決める。そして，そのレベルの機能をもとに機能分野を設定し，機能分野単位で許容原価を配分することを決める。

2．顧客満足要素別許容原価を把握する。
・STEP 5 で求めた「顧客満足要素の影響度」（**図表 2-13** 参照）に許容原価を掛けて，各顧客満足要素別許容原価を把握する。
〈例〉
・基本機能要素の場合
基本機能要素の影響度は 17.5％である。許容原価は STEP 7 で決定しており，12,000 円（直接製造原価）とする。
∴ 0.175 × 12,000 ＝ 2,100 円
・この計算式の根底にある考え方は，あくまでも「顧客満足の影響度が高い要素ほど，コストもかけるべきである」という思考を基本にしている。

3．機能分野別顧客満足要素を把握する。
・使用機能系統図上に設定した機能分野ごとに，その分野の個々の機能がどの顧客満足要素から定義されたのかを，機能カードの構成要素欄で確認し，機能分野に関係する顧客満足要素を明確にする（**図表 3-16** 参照）。

4．機能分野別許容原価を算定する。
・それぞれの機能分野に関係する顧客満足要素の許容原価を配分

図表 3-16　機能と顧客満足要素の関係把握

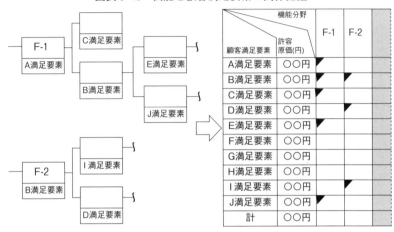

する。特定の顧客満足要素が1つの機能分野だけに関係している場合は，その顧客満足要素の許容原価の全コストを関係する1つの機能分野に計上すればよい。しかし，複数の機能分野にまたがって関係している場合は，特定の顧客満足要素がそれぞれの機能分野に，どの程度関わりが強いかを貢献度比率で表し，その比率で許容原価を配分する。

・それぞれの顧客満足要素の許容原価を機能分野に配分したら，機能分野ごとに配分された顧客満足要素の許容原価を合計して，機能分野別許容原価（仮の機能評価値）を算定する。

5．使用機能×魅力機能の機能相関マトリックス表を作成する。

・使用機能（各機能分野に対応）と魅力機能（アートデザイン機能の2次レベルに対応）の関連性をみる「機能相関マトリックス表」（図表 3-17 参照）を作成する。つまり，魅力機能系統図上の2次レベルのアートデザイン機能が，使用機能系統図上の

図表 3-17　機能相関マトリックス表

使用機能 （機能分野） ＼ 魅力機能（アートデザイン 機能の2次レベル）	色		形		質感
	アクティ ブな色	洗練され た色	アクティ ブな形	モダンな 形	しっくり した質感
F-1　ヒゲを剃る	△		△		○
F-2　使い勝手を向上させる	△	○	○	○	◎
F-3　信頼性を保つ		△			
F-4　品質を保つ					○

◎：関連性かなりある　○：関連性ある　△：関連性多少はある

　各機能分野に対して，どの程度関連性があるのかを把握する。
6．機能分野別許容原価を修正する。
　・機能分野別許容原価（仮の機能評価値）は，あくまでも使用機能だけを対象にして配分している。したがって，手順5で作成した「機能相関マトリックス表」を参考にして，アートデザイン機能達成分のコストを考慮した形で，仮の機能評価値のコストのトレードオフを行う。
7．機能別目標コスト（機能評価値）を決定する。
　・機能分野別許容原価（仮の機能評価）のコストのトレードオフを行った結果を反映させて，機能別目標コスト（機能評価値）を最終的に決定する（図表 3-18 参照）。

［留意事項］
1．通常，2次レベル以下の機能のまとまりが機能分野になることが多い。
　・一般的傾向としては，系統図の2次レベルの機能から，企画要

図表 3-18　機能別目標コスト（機能評価値）の設定

機能分野／顧客満足要素別許容原価（円）／顧客満足要素		F-1 ヒゲを剃る	F-2 使い勝手を向上させる	F-3 信頼性を保つ	F-4 品質を保つ
基本機能	2,100	2,100			
信頼性	528		328	200	
経済性	528	528			
操作性	1,896		1,200		696
弾力性					
許容原価：12,000 円	仮の機能評価値	6,000	3,000	2,000	1,000
コストのトレードオフ		−500	500	−200	200
機能別目標コスト（機能評価値）		5,500	3,500	1,800	1,200

　求機能の達成に関わる基本着想アイデア（概念設計に対応）が
発想しやすい。

2．機能相関マトリックス表を作成する際には，機能分野の下位の
使用機能も視野に入れて作成しなければならない。

3．機能別目標コスト（機能評価値）は，「Design To Cost」を実
践していくための重要な経済的指針である。

3.3　開発基本構想の創造

　本節では，企画要求機能分析の結果から，主要な企画要求機能を
確認し，主要な使用機能を中心にしつつ，魅力機能（アートデザイ

ン機能）も考慮したうえで，製品企画書のコンセプトに適した基本
構想案の検討を行う。

STEP16：開発設計基本構想アイデアの発想

[目的]

　チームメンバーの創造力を結集して，特定の機能（明確に体系化
された企画要求機能）を達成するアイデアを多様な観点から発想す
る。

[方法]

　STEP14で作成された使用機能系統図の機能分野単位で，あらゆ
る観点からのアイデア（文章レベル）を発想し，その後に，魅力機
能（アートデザイン機能）も考慮したうえで，アイデアの略図化を
行う。

　アイデアを発想する際には，「創造力を阻む関所」（**図表3-20**参
照）に陥らないように心がけて，発散的思考に徹することが重要で
ある。

[創造に関する参考事項]

〈創造力とは〉

　創造力を概念的なモデル図に示すと，**図表3-19**に示すようになる。

〈創造力を阻む3つの関所〉

　過去の経験や知識の解体・結合力である創造力を阻む3つの関所
（メンタルブロックともいわれる）を除去することが，アイデア発

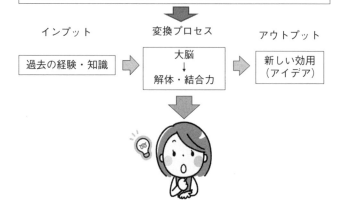

図表 3-19　創造力とは

創造力とは，過去の経験・知識の解体・結合能力である

インプット　　　　　変換プロセス　　　　アウトプット

過去の経験・知識 ⇨ 大脳
↓
解体・結合力 ⇨ 新しい効用
（アイデア）

図表 3-20　創造力を阻む 3 つの関所

認識の関～知覚的障害（Perceptual Block）	文化の関～社会的障害（Cultural Block）
問題の存在に気がつかなかったり，問題点を誤ってとらえることから生じる障害 （主な現象） ・周囲の問題に惑わされて本当の問題がつかめない ・異なったものの間から共通点が引出せない ・自分で作った条件に縛られる ・目的と手段，本質と影響の取り違い ・表面上似ているから同じであると考えてしまう etc	社会生活を営む上で法律・規則・道徳・習慣など特定の範囲に束縛されることによって，思考範囲を常識の枠にはめ込み固定化させることから生じる障害 （主な現象） ・型にはめたい，はまりたい ・何でも聞きたがるのは品が悪い ・推理と論理万能主義 ・競争と協調のしすぎ ・統計のうのみ etc

感情の関～心理的障害（Emotional Block）
感情的動因の欠如あるいは劣等感，考え方の固定化など感情・性格が起因しアイデアの発想を妨げる （主な現象） ・批判家がこわい ・あせってゆとりが無い ・特定の人に対し感情的になる ・動くのが面倒である ・気力がない etc

想という発散的思考への第一歩になる。

〈主な創造技法〉

① 　ブレーンストーミング法（第 2 章の**図表 2-22** 参照）

　1 つの問題についてあらゆる角度から討論し，その場で回答を求め，短時間に大量のアイデアを得る方法である。ルールとして，4 つの規則（①批判厳禁，②自由奔放，③量を求む，④改善結合）がある。なお，4 つの規則は，創造力を阻む 3 つの関所の除去につながる考え方である。

② 　オズボーンのチェックリスト（第 2 章の**図表 2-23** 参照）

　アイデア発想の数が伸び悩んだときに，強制的にアイデアを発想する際に有効な手法である。発想の飛躍ができるので，思いも寄らないアイデアが生まれることもある。そのアイデア発想の観点は，「転用，応用，変更，拡大，縮小，代用，置換，逆転，結合」の 9 つある。

③ 　シネクティクス法

　一見関係のないものを関連づけるという，類比（アナロジー）のテクニックを用いる。「シネクティクス」という言葉は，ギリシャ語で類比の意味に相当する（**図表 3-21** 参照）。

[（使用）機能系統図とアイデア発想]

　VE ではアイデア発想の段階で，機能系統図をよりどころとして，設計案の素材になるアイデアを機能本位に発想する。その際には，機能系統図における使用機能レベルとアイデアの特徴を理解することが重要である（**図表 3-22** 参照）。

図表 3-21　シネクティクス法

類比の3つの方法（3つの観点）

直接的類比（Direct Analogy）
・対象と直接似たものを探し，そこから応用できるヒント
を探る思考法である。特に自然界や生物のメカニズムを
もとに発想するのが有効である。
【事例】蜂の巣の「ハニカム構造」
巣の構造の強さの応用　➡　新幹線の床，飛行機の翼，人工
衛星の壁などに活用

象徴的類推法（Symbol Analogy）
・対象をシンボリックな文字列に変換して，そこから連想
してヒントを得る思考法である。たとえば，日本昔話やSF
小説などから連想するのが有効である。
【事例】日本昔話

桃太郎　─────────────➡　経営の在り方の示唆
キジ　➡　敵情視察　------------➡　情報力の重要性
サル　➡　知恵　-------------------➡　創造力の重要性
イヌ　➡　果敢　-------------------➡　行動力の重要性

人格的類比法（Personal Analogy）
開発や改善したい対象になりきることにより，その仕組み
や働きのヒントを探る思考法である。
【事例】高齢者対策
高齢者になりきる　➡　高齢者疑似体験キット活用　➡
駅構内のバリアフリー対策など

図表 3-22　使用機能レベルとアイデアの特徴

	上位機能	下位機能
利点	現行方法にとらわれない発想豊かなアイデアがたくさん出やすい	具体化しやすく，現実的な案にまとめやすい
欠点	非現実的な案になりやすく，具体化しにくい	現行方法とあまり変わり映えしないアイデアに終始しやすい

［手順］

1．アイデア発想機能を決定する

２．アイデアを発想する

３．アイデアを略図化する

４．アイデアのチェックと略図を追加する

５．略図を整理する

１．アイデア発想機能を決定する。

・機能別目標コスト（機能評価値）の大きな機能分野からアイデア発想を行う。

２．アイデアを発想する（着想の第 1 段階）。

・機能本位に，あらゆる角度からアイデアを発想する。ブレーンストーミング法を活用しながら，メンバー全員で文章レベルのアイデアを発想する。

３．アイデアを略図化する（着想の第 2 段階）。

・各機能分野の文章レベルのアイデアを各人（チームメンバー）が自由に略図化する（**図表 3-23** 参照）。

・略図化の際にはアートデザイン機能を考慮する。そのためには STEP15 で作成した「機能相関マトリックス表」（**図表 3-17** 参照）を参考にすることが望ましい。

４．アイデアのチェックと略図を追加する。

・略図化されたアイデアをチェックした後で，まだ活用されていないアイデアを確認し，略図化の必要度の高いアイデアがあれば，メンバー全員で略図化の追加を試みる。

図表 3-23　アイデアラベル

	経済性
略　　図	技術性
	採　否
IN	機能番号	NO.

5. 略図を整理する。

　・描いた略図をメンバー間で確認して，その内容がほぼ同じであ
　　ると判断できる場合には，同一の略図として1つにまとめる。

[留意事項]

1. アイデアはなるべく上位機能から発想するように心がける。

　・一般的傾向としては，上位レベルの機能のほうが異質のアイデ
　　アが生まれて価値の高い製品設計につながる可能性が高い（**図
　　表 3-22** 参照）。

2. アイデアを発想するときは，発散的思考に徹して判断は後回し
　にする。

3. 描いた略図の整理は，あくまでもその略図の内容から判断する。

　・略図のアイデア番号が同じというだけで，略図を短絡的に一緒
　　にしないことである。その理由は，アイデア番号（ある機能分
　　野から発想された文章レベルのアイデア番号）が同じでも，略
　　図を描く人が違ったら，内容も違ってくるケースも考えられる
　　からである。

STEP17：開発設計基本構想アイデアの評価

[目的]

　価値向上が期待できるアイデア（略図）を選択する。

[方法]

　STEP16 で発想したアイデア（略図）の実現可能性を評価して，価値向上の期待がもてるアイデア（略図）を選択する。

[手順]

1．略図の評価基準を確認する

2．略図を評価する

3．保留略図の採否を決める

1．略図の評価基準を確認する。

　・価値向上が期待できるアイデアを選択するという意味は，略図の粗ぶるい（予備評価）を行うということである。したがって，技術性と経済性の両評価項目に関しては，「定性的評価基準」（図表 3-24 参照）に基づいて実施する。

2．略図を評価する。

　・定性的評価基準に従って，整理された略図単位で評価を実施する。

図表 3-24　略図の評価項目とその評価基準

評価項目	評価基準（定性的基準）
技術的可能性	その略図で対象機能を本当に達成することが可能か 自社の技術力（関連会社や外注先の技術能力も含む）で実現可能性があるか
経済的可能性	設定された機能別目標コスト (機能評価値）でその略図を達成できるか

3．保留略図の採否を決める。

　・保留（△）になった略図については，改めて粗ぶるいできる程度に調査・検討したうえで，再度評価して採否を判断する（図表 3-25 参照）。

図表 3-25　評価の判定のパターン

技術性	経済性	採　否
○	○	○
×	×	×
○(△)	×	×
×	○(△)	×
△	○	△
○	△	△
△	△	△

（注）△：保留（不明）

［留意事項］

1．略図については，あくまでもアイデアを育てるという姿勢で評価する。

2．略図の評価は，多数決にこだわる必要はない。

　　・この段階の評価は，あくまでもメンバーの主観評価が前提なので，採用を強く望むメンバーが1人でもいたら，あえて採用に踏み切ってもよい。

STEP18：開発設計基本構想案の具体化・構成化

[目的]

　価値向上が期待できる開発設計基本構想案を作成する。

[方法]

　STEP17 で採用されたアイデア（略図）を観点別に整理し，「アイデアの独立と背反の関係から，価値向上が期待できる複数の基本構想案を作成する。

[手順]

1．不採用略図をアイデアバンク化する

2．採用略図を観点別に整理する

3．基本構想案を作成する

1．不採用略図をアイデアバンク化する。

　　・不採用略図は「宝の山」ともいえ，廃棄するのはもったいない。ユニークかつ斬新なアイデアを見つけ出して，「アイデアバン

ク」を作成する。そして，今後のプロジェクト活動での再利用
を期待して，一定期間の間ストックしておく。
・5G 時代を見据え，略図をスマホ等でデジタル化し，社内のク
ラウド上に「アイデアバンク」を開設して，再利用の効率化を
図ることも重要である。
2．採用略図を観点別に整理する。
・機能分野別に採用略図を観点別に整理して「観点別略図リスト
表」を作成する。
・略図の内容をよく把握して，似たもの同士をグルーピングして，
そのグループ単位にアルファベットで記号対応させた後で，内
容によりふさわしいタイトルを設定する。
3．基本構想案を作成する。
・機能分野ごとに整理された採用略図は，それぞれ異なった性格
をもっている。そこで，作成された「機能分野ごとの観点別略
図リスト」を活用して，価値向上が望める基本構想案を，**組み
合わせ方針**に沿って複数案（通常は 2〜3 案程度）作成するよ
うに心がける（**図表 3-26** 参照)。
〈例〉
　組み合わせ方針（企画書の目標に加えて，製作する企業の立
場も考慮すること）
　　＊他機種との部品共通化考慮タイプ
　　＊製造設備省力タイプ
　　＊信頼性重点志向タイプ
　　……etc.

図表3-26　機能分野ごとの観点別略図リスト

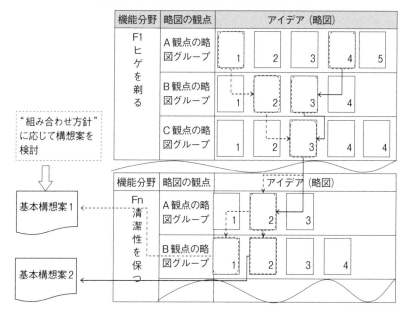

[留意事項]

1．基本構想案は「独立と背反」の関係を考慮しながら，企画書の
　内容に矛盾しないように作成しなければならない。
　・基本構想案は，価値向上が望めそうな略図の組み合わせ方針を
　・設定して，組み合わせ方針により適したものを複数作成するよ
　　うに心がける。
　・**図表3-27**は，基本構想案を検討するプロセスを，簡単なイメー
　　ジ事例（電気スタンド）で，具体的に示したものである。
　・独立とは，論理的に組み合わせが可能な関係で，背反とは，論
　　理的に組み合わせが不可能な関係である。この事例で感覚的に
　　理解できると思う。

図表 3-27 基本構想案の検討のイメージ事例

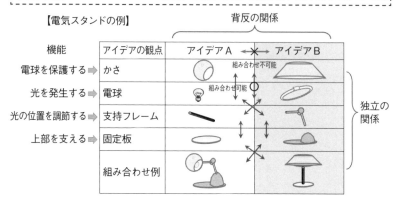

```
◆独立関係：お互いのアイデアの観点が異なる関係で論理的に組み合わせが可能
◆背反関係：お互いのアイデアの観点が同様の関係で論理的に組み合わせが不可能
```

【電気スタンドの例】

機能	アイデアの観点	アイデアA	アイデアB
電球を保護する➡	かさ		
光を発生する➡	電球		
光の位置を調節する➡	支持フレーム		
上部を支える➡	固定板		
	組み合わせ例		

・背反の関係になっている場合は，より組み合わせ方針に近いアイデア（略図）を選択するようにしなければならない。

2．基本構想案を複数作成する際には，組み合わせ方針も複数設定したほうがよい。

・基本構想案の可能性の道筋をこの段階で1つに絞らないようにするために，組み合わせ方針も複数設定したほうがよい。

・価値向上が望める基本候補案として，この段階では，通常2～3案程度が望ましい。

3.4 開発基本構想の評価・決定

　開発基本構想の創造の結果として，価値向上が望める基本構想案

が複数提案された。そこで，本節では，各基本構想案の **Feasibility Study（可能性研究）**[注1] を実施して最優先案を決めて，基本構想図に仕上げる活動を行う。

> **STEP19：開発設計基本構想の評価・決定**

［目的］

　開発設計基本構想案の中から，より価値向上が保証できる構想案を選択する。

［方法］

　それぞれの基本構想案の「Feasibility Study（可能性研究）」（図表 3-28 参照）を実施して，企画書の内容をより確実に達成できる最優先（基本構想）案を選択する。

図表 3-28　Feasibility Study（可能性研究）のプロセス

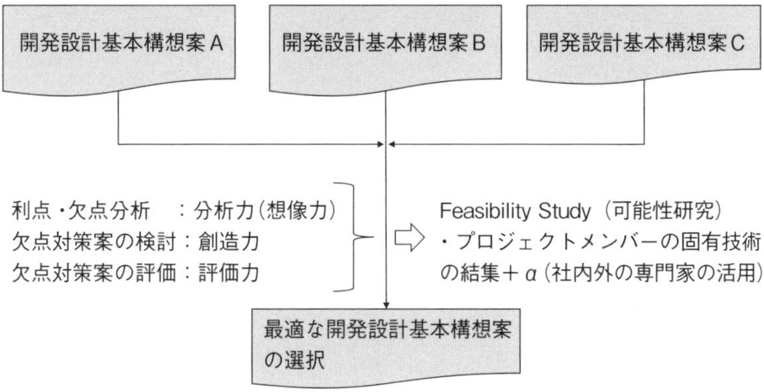

開発設計基本構想案 A　　開発設計基本構想案 B　　開発設計基本構想案 C

利点・欠点分析　：分析力（想像力）
欠点対策案の検討：創造力
欠点対策案の評価：評価力

⇨ Feasibility Study（可能性研究）
・プロジェクトメンバーの固有技術の結集＋α（社内外の専門家の活用）

最適な開発設計基本構想案の選択

[手順]

1．開発設計基本構想案の利点・欠点の分析を行う

2．欠点の影響度を分析する

3．欠点対策案を検討する

4．欠点対策案を評価する

5．開発設計基本構想案を評価する

1．開発設計基本構想案の利点・欠点の分析を行う。

・各基本構想案について，利点と欠点を把握する。特に「欠点＝想定される悪い結果（不具合）」であるから，単純に結果だけを書くのではなく，欠点に至る原因系からモレなく詳細に記述することが重要である。

〈例〉

欠点の内容表現

×錆びる　➡　〇～部は隙間ができるので，SS 材では水分付着により錆びる

2．欠点の影響度を分析する。

・列挙した各欠点について，基本構想案に与える影響の程度を重・中・軽の3段階で把握する。

重：致命的な欠点であり，これがあると製品化は困難である。

中：程度の差こそあれ，基本的に解決すべき欠点である。

130

　　軽：従来機種でもこの程度の欠点はあり得るが，ないに越した
　　　　ことはない。
3．欠点対策案を検討する。
　・影響度の大きい欠点から，重点的に対策案を検討する。この段
　　階でプロジェクトメンバーの固有技術で対策案を検討できない
　　場合には，社内外の他の専門家にも協力を依頼しなければなら
　　ない。
4．欠点対策案を評価する。
　・それぞれ考えた対策案が本当に採用できるか否かを経済面と技
　　術面，あるいは納期面も考慮したうえで検討し評価する。
　・この段階で，プロジェクトメンバーの固有技術で対策案を評価
　　できない場合には，やはり社内外の他の専門家に依頼して評価
　　してもらう必要がある。
5．開発設計基本構想案を評価する。
　・ここまでの Feasibility Study（可能性研究）（図表 3-29 参照）
　　の結果を踏まえて，価値ある製品に具体化していくには，どの
　　基本構想案が最も適しているかを，各評価要素（各機能分野，
　　アートデザイン機能の 3 要素，許容原価，初期投資金額，納期
　　面など）から評価し，最も評価の高かった基本構想案を最適案

図表 3-29　開発設計基本構想案の Feasibility Study（可能性研究）

基本構想案	利点	欠点	欠点の影響度			欠点対策案	評価
			重	中	軽		
	1　…… 2　……	1　～なので 　　～である 2　……		○		1に関して…… 	○
					○	2に関して……	×

とする。

・図表3-30は、評価要素ごとに5点評価法によって、点数付けを行い、合計点が最高点の案を最適案にしたイメージ事例を示したものである。

図表3-30　評価要素表による開発設計基本構想案の評価

＊それぞれの評価要素に5点法で点数をつけて、全体の点数が最も高かった案を最適案とする。

開発設計基本構想案 ＼ 評価要素	F-1	F-2	F-3	F-4	アートデザインの3要素（色・形・質感）	許容原価	初期投資金額	納期面	合計点	最適案
A案	3	4	4	4	4	2	2	2	25	
B案	3	2	2	3	5	3	3	3	24	
C案	4	5	5	4	3	3	3	3	30	○
D案	3	3	4	3	4	4	3	3	27	

［留意事項］

1. 欠点を把握する場合は、その欠点の原因にまでさかのぼって、可能な限り具体的に記述する。

2. 欠点対策案の検討は、メンバー以外にも、社内外の専門家を可能な限り巻き込んで、固有技術の結集をしなければならない。

3. 開発設計基本構想案の評価には、多様な意思決定技法の活用が考えられる。

   ・開発設計基本構想案の評価には、さまざまな意思決定手法の活用が考えられるが、特に「一対比較法」がベースになっているDARE法[注2]やAHP法[注3]などがよく知られている。

4. 開発設計基本構想案から、最適案を1つ絞り込むことが難しい

場合には，次のステップに持ち込んで，最終的にデザイン・レビューの中で最適案を決定してもよい。

STEP20：概念設計図の作成

[目的]

最適案として選択された開発設計基本構想案を，価値ある概念設計図（開発設計基本構想図のこと）に洗練化し，デザイン・レビューを実施して承認を得る。

[方法]

最適な開発設計基本構想案として選択された案に対して，採用可能な欠点対策案を反映させて概念設計図として洗練化する。

・DR（設計審査）の中で，概念設計図の技術面（使用機能），意匠面（アートデザイン機能），経済面（許容原価・初期投資金額），納期面（当初の開発工程）などから概念設計図を評価し，問題などなければ承認する。

[手順]

1．最適案を洗練化する（概念設計図を作成する）

2．概念設計図を評価する

3．概念設計図を承認する

1. 最適案を洗練化する（概念設計図を作成する）。
   - STEP19 で，最適案として選択された基本構想案に対して，採用された欠点対策案を反映させて洗練化し，概念設計図を作成する。
   - 概念設計図は，使用機能の実現方法がわかる「機能設計図」とアートデザイン機能の達成がイメージできる「意匠設計図」の2種類作成する。
2. 概念設計図を評価する。
   - 概念設計図が本当に承認できるような内容かどうかを，技術面・意匠面・経済面・納期面に関して評価する。

〈技術面の評価〉

各使用機能とそれに関わる制約条件（設計パラメータ）を達成できるかどうかを評価する。

〈意匠面の評価〉

機能相関マトリックス表（**図表 3-17 参照**）に示されたアートデザイン機能に近いイメージの概念設計図になっているかどうかについて，意匠図（パース図に近いもの）を見て，SD 法（セマンティック・デファレンシャル法）[注4] を利用して評価する（**図表 3-31 参照**）。

〈経済性の評価〉

概念設計図のコスト見積りをして，おおむね許容原価以内に入るかどうかを確認する。初期投資金額についても，当初の予算内に収まるかどうかを可能な限り積算して評価する。

〈納期面の評価〉

承認された企画書に示されている開発工程計画にほぼ準じた形

図表 3-31　魅力機能（アートデザイン機能）の評価例

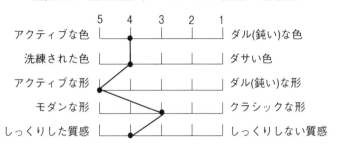

　で，活動を遂行していくことが可能かどうかについて評価する。
3．概念設計図を承認する。

　手順2で評価した結果，おおむね問題がなければこの概念設計図
を承認して，引き続き STEP21 以降の VE ステップ（**図表 3-2 参照**）
に進んでいく。

[留意事項]
1．最適案の洗練化とは，基本構想段階で把握可能な欠点に対し
　　て，対策案を検討することである。
　・最適案を洗練化するためには，基本構想段階で想像力を働かせ
　　て，想定される欠点を把握するとともに，その欠点の克服に有
　　効な対策案を検討するための技術力とともに，創造的思考力も
　　備える必要がある。
2．意匠図に関しては，顧客像に近いモニターに評価してもらう
　　と，納得のいく結果が得られやすい。
　・意匠面の評価は，あくまでも主観的要因（感覚的要因）のウエ
　　イトが大きいので，企画書に想定された顧客像に近いモニター

を選んで，評価を依頼すると，より納得のいく結果が得られや
すい。

3.5 設計段階の VE による継続的な価値向上活動

　前節までを通して，「STEP20：概念設計図の作成」が終了して，
DR-2（概念設計段階のデザイン・レビュー：**図表 0-7 参照**）で概
念設計図が承認されると，引き続き STEP21 以降の活動（**図表 3-2
参照**）に入っていくことになる。

　つまり，VEP の「機能分析—創造—評価・決定」を再度実施し
ながら，概念設計から基本設計へ，さらには詳細設計へと，設計の
具体化を進めていく活動が継続されることになる。

　もちろん，VEP を繰り返す数自体は，プロジェクトの規模によっ
て当然違ってくるが，STEP20 までの VE 活動とその思考プロセス
（機能分析—創造—評価・決定という思考を実践するという側面）
は不変である。したがって，「開発・設計段階の VE（1st Look
VE）」の実践も，STEP20 までを 1 つの区切りとして紹介したわけ
である。

　以下に，電気シェーバーの機能設計図（**図表 3-32 参照**）と意匠
図（**図表 3-33 参照**）の例を示す。

　製品開発活動を技術面からとらえると，VEP を繰り返すほどに
検討課題はミクロレベルになってくるため，それに比例して専門分
化した詳細な知識と経験が要求されるようになってくる。つまり，
VEP は繰り返しつつも，固有技術面では，より細分化された技術

図表 3-32　電気シェーバーの機能設計図の例

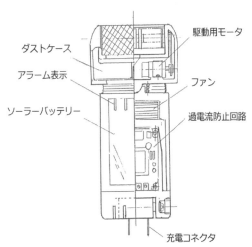

図表 3-33　電気シェーバーの意匠図の例

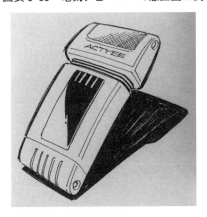

の経験や当該分野の先端知識が要求されるのである。しかしその一
方で，イノベーティブな設計思考は，部品レベルになっても当然要
求されるため，柔軟な創造的思考は依然として重要である。

このような背景の中で，VE プロジェクトメンバーの中に，並外れた個人能力を保有したスーパーエンジニアが常に存在するという期待を抱くのは合理的ではない。したがって，このような状況下では，メンバー以外の専門家が保有する固有技術をいかにムダなくスムーズに結集していけるかが，「価値ある製品の実現」の成否を分けることになる。そのためには，短時間で社内外の固有技術を結集できる体制づくりに早急に取り組むべきである。

たとえば，社内の技術資料・図面やコストテーブルなどのデータを，社内のクラウド空間で管理するなどは当然のことである。しかし，これだけでは今の時代は不十分である。VE/VM 活動に特化していえば，5G，6G 時代の早晩の到来を想定して，バーチャル的に組織横断型プロジェクト（**図表 1-8** 参照）を遂行できる VE/VM 体制づくりを進めるべきだろう。

今後の VE/VM 活動では，特に設計段階の VE 活動になると，社内外の多くの専門家がバーチャル環境の中で関わるようになる状況が容易に想像できる。このような IT 環境の劇的な変化の中で，皆の創造力が結集されて，いわゆるオープンイノベーション型の最適案が具現化することも十分に予想されることである。

このような VE/VM 活動は，従来は大企業の特に製造業が中心を担ってきたが，今後は中小企業でもバーチャル環境を巧みに利用できれば，VE/VM 活動が展開できると思われるし，このような活動は，必ずしも製造業に限らず，今後はサービス業でも広く展開することが可能になるだろう。

（注）

注 1）Feasibility Study（可能性研究）

　新規事業や新商品・サービス等の実行可能性や実現可能性を検証することを意味する。具体的には，技術面での実現可能性，市場面での実現可能性，経済的な実現可能性（投資効果等），業務面での実現可能性，システム面での実現可能性などがあり，テーマに応じて検証項目が決まる。

注 2）DARE 法

　DARE とは，Decision Alternative Ratio Evaluation の略で，特定の評価要素について，複数の評価対象を一対ごとに比較評価し，その優劣に数値を与え，相互間の数値の差異から順位を決定する方法である。

注 3）AHP 法

　AHP とは，Analytic Hierarchy Process の略で，不確定な状況や多様な評価基準（評価要素）における意思決定手法である。この手法も，DARE 法と同じで一対比較が基本になっているが，評価対象に関する意思決定の階層構造をベースとして評価を行う点や，一対比較後にその整合性を判断できるところに大きなメリットがある。

注 4）SD 法（セマンティック・デファレンシャル法）

　早い―遅い，明るい―暗い，重い―軽いなどの対立する形容詞の対を用いて，商品や銘柄などの与える感情的なイメージを，5 段階あるいは 7 段階の尺度を用い判定する方法である。

第 3 章　参考文献

[1]　土屋裕監修，産能大学 VE 研究グループ著『新・VE の基本』産業能率大学出版部，1998.

[2]　VE 用語の手引き専門分科会メンバー『VE 用語の手引き』公益社団法人日本 VE 協会，1992.

索　引

著者

澤口 学（さわぐち まなぶ）

立命館大学大学院テクノロジー・マネジメント研究科教授
東北大学大学院工学研究科客員教授，早稲田大学理工学術院非常勤講師
博士（工学），CVS（Certified Value Specialist）（米国 SAVE 認定国際資格）
J-MCMC11156（認定マスター・マネジメント・コンサルタント）
公益社団法人日本バリュー・エンジニアリング協会参与／バリューデザイン・ラボ所長
NPO 法人日本 TRIZ 協会副理事長，一般社団法人日本システムデザイン学会理事
有限会社バリューイノベーション研究所取締役・所長
上場会社（JASDAQ 市場）の社外取締役

1982 年 3 月	慶応義塾大学工学部数理工学科卒業
2005 年 3 月	早稲田大学大学院理工学研究科後期博士課程修了
2004 年～2009 年	産業能率大学総合研究所教授
2009 年～2010 年	同大学経営学部教授
2010 年～2015 年	早稲田大学大学院創造理工学研究科経営デザイン専攻教授
2015 年～2017 年	同大学大学院同研究科客員教授
2018 年～2019 年	立命館大学大学院テクノロジー・マネジメント研究科客員教授
2019 年～	同大学大学院同研究科教授（現在に至る）
2020 年～	東北大学大学院工学研究科客員教授（同上）

〈主な著書〉
『VE による製品開発活動 20 のステップ』同友館，1996 年
『VE と TRIZ』同友館，2002 年
『逆転発想による創造的リスクマネジメント』同友館，2007 年
『MOT の新展開』（共著）産業能率大学出版部，2008 年
『革新的課題解決法』（共著）日科技連出版社，2011 年
『ものづくりに役立つ経営工学の辞典』（共著）朝倉書店，2014 年
『日本式モノづくり工学入門』同友館，2015 年
『不便益の実装 バリュー・エンジニアリングにおける新しい価値』（共著）近代科学社 Digital，2020 年
その他著書・学術論文多数

2020 年 9 月 10 日　第 1 刷発行

はじめての企画・開発メソッド
～ 0 Look / 1st Look VE ～

著　者　　澤　口　　　　学

発行者　　脇　坂　康　弘

発行所　株式会社 同友館

〒113-0033　東京都文京区本郷3-38-1
TEL. 03（3813）3966
FAX. 03（3818）2774
URL　https://www.doyukan.co.jp/

三美印刷／松村製本所
Printed in Japan